分贓醜劇、戰爭賠款、軍備競賽、列強紛爭、革命浪潮，第二次世界大戰的醞釀背景

戰後帝國主義的瓦解

戰史 × 戰場 × 戰役 × 戰將 × 戰事
時空縱橫，氣勢磅礡，史事詳盡

極具歷史性、資料性、權威性和真實性！

潘于真
胡元斌 主編

目 錄

目錄 ━━━━━━━━━━━━━━━━

前言

1937 年 7 月 7 日，駐華日軍在盧溝橋悍然向中國守軍開炮射擊，炮轟宛平城，引發了震驚中外的「七七事變」，中國的抗日戰爭全面爆發。1939 年 9 月 1 日，德國入侵波蘭，第二次世界大戰正式開始。1945 年 9 月 2 日，日本簽署投降書，第二次世界大戰宣告結束。

這是人類社會有史以來規模最大、傷亡最慘重、造成破壞最大的全球性戰爭，也是關係人類命運的大決戰。這場由德、義、日法西斯國家的納粹分子發動的戰爭席捲全球，當時世界人口總數的 80％的 20 億人口受到波及。這次世界大戰把全人類分成了兩方，由美國、蘇聯、中國、英國、法國等國組成的反法西斯同盟國與由德國、日本、義大利等國組成的法西斯軸心國，進行對壘決戰。全世界的人民被拖進了戰爭的深淵，迄今為止這是人類文明史上絕無僅有的浩劫和災難。

在這場大戰中，交戰雙方投入的兵力和武器之多、戰場波及範圍之廣、作戰樣式之新、造成的損失之大、產生的影響之深遠都是前所未有的，創造了許多個歷史之最。

第二次世界大戰的勝利具有偉大的歷史意義。我們辨證地看待這段人類慘痛歷史，可以說，第二次世界大戰的爆發

前言

對人類造成了巨大災難，使人類文明慘遭浩劫，但同時，第二次世界大戰的勝利，也開創了人類歷史的新紀元，帶給戰後世界廣泛而深遠的影響。促進了世界進入力量制衡的相對和平時期；促進了一些殖民地國家的民族解放；促進了許多社會主義國家的誕生；促進了資本主義國家的經濟、政治和社會改革；促進了世界科學技術的進步；促進了軍事科技和理論的進步；促進了人類史上的一場偉大革命；促進了世界人民對和平的深刻認知。

第二次世界大戰的勝利也是世界人民反法西斯戰爭的勝利，成為 20 世紀人類歷史的一個重大轉折，它結束了一個戰爭和動盪的舊時期，迎來了一個和平與發展的新階段。我們回首歷史，不應忘記戰爭給我們帶來的破壞和災難，以及世界各個國家和人民為勝利所付出的沉重代價。我們應認真吸取這次大戰的歷史經驗教訓，為防止新的世界大戰發生，維護世界持久和平，不斷推動人類社會進步而英勇奮鬥。

這就是我們編撰本書的初衷。該書綜合海內外的最新研究成果和最新解密資料，在專家的指導下，以第二次世界大戰的歷史進程為線索，貫穿了第二次世界大戰的主要歷史時期、主要戰場戰役和主要軍政人物，全景式展現了第二次世界大戰的恢宏畫卷。

該書主要包括戰史、戰場、戰役、戰將和戰事等內容，時空縱橫，氣勢磅礴，史事詳盡，具有較強的歷史性、資料性、權威性和真實性，非常有閱讀和收藏價值。

前言 ————————————————————

帝國主義的新危機

第一次世界大戰結束

1918 年 11 月 11 日，清晨的薄霧籠罩著法國東北部康比涅森林雷道車站。一輛列車靜靜地停在鐵軌上，列車兩旁，三步一崗、五步一哨地挺立著荷槍實彈的法國士兵。

這時，德國以外交大臣為首的代表團依次走上火車，來到協約國聯軍總司令福煦乘坐的車廂，他們將在這裡簽署停戰協定。身著戎裝的福煦元帥及其代表早已等候在這裡了。

11 時，簽字儀式完成，各戰勝國鳴放禮炮 101 響，宣告第一次世界大戰正式結束。

這場帝國主義戰爭以 1914 年 6 月 28 日奧匈帝國王儲被刺殺為導火線，從 1914 年 8 月開始到 1918 年 11 月結束，歷時 4 年 3 個月。第一次世界大戰的主要戰場在歐洲，波及亞洲、太平洋領域，先後有 35 個國家和地區參戰，約占當時世界人口 2/3 的 15 億人被捲入戰爭。

同盟國，協約國雙方動員軍隊達 6,503 萬餘人，戰爭中損失 3,750 萬餘人，其中陣亡 853 萬餘人；另外平民死亡 1,261.8 萬人。雙方直接用於戰爭的費用達 1,863 億多美元。各交戰國經濟損失總計約 1,700 億美元。

無論從哪個角度來講，第一次世界大戰之損失都無可估量。

德國是後起的帝國主義國家。由於資本主義經濟發展的

不平衡，德國的工業產量在 1910 年即已超過英法兩個老牌帝國主義國家而居世界第二位，僅次於美國。

德國在世界工業總產量中的比重，從 1870 年的 13.2%上升至 1913 年的 15.7%；同期在世界貿易總額中的比重從 9.7%上升至 12.6%，僅次於英國，也居世界第二位。

隨著經濟的迅速發展和向帝國主義過渡，德國從 1880 年代起瘋狂進行對外擴張。1914 年，德國殖民地面積達到 290 萬平方公里，人口 1,230 萬人，但殖民地面積還遠不及英國和法國。為此，它不惜訴諸戰爭，試圖以武力重新瓜分世界，奪取世界霸權。

第一次世界大戰進入 1918 年，交戰雙方經過 3 年多激戰，人員傷亡和物資消耗極大。戰局互有勝負，相持不下。

此時，蘇維埃俄國退出戰爭，美國遠征軍尚在大量組建訓練之中。德軍統帥部力圖抓住擺脫兩線作戰困境和大批增援美軍尚未到達歐洲的時機，在西線發動決定性的進攻，在 1918 年夏季之前打敗英法聯軍，奪取戰爭勝利。

德軍在西線共集結 194 個師，編成 4 個集團軍群，總兵力約 400 萬人，擁有火炮 5,000 餘門、飛機 3,000 架、坦克近 200 輛。與之相對抗的西線協約國軍隊，有 186 個師，分屬於法國和比利時的 4 個集團軍群及英國遠征軍，總兵力 500 萬人，火炮 16,000 餘門、飛機 3,800 多架、坦克 800 輛。

帝國主義的新危機

　　稍後美國遠征軍大批抵達歐洲，有 14 個師 55 萬人參加夏季作戰。3 月至 9 月，雙方進行了第一次世界大戰期間規模最大的一系列進攻和反攻戰役。

　　德軍從 1918 年 3 月 21 日至 7 月 17 日，先後發起 5 次大規模進攻戰役。這幾次戰役雖然給了英法聯軍以沉重打擊，攻占大片土地，再度迫近巴黎，但德軍並未實現各次戰役的預期目標，在協約國軍頑強抵抗下被迫停止進攻。

　　其新占領地區形成 3 個巨大突出部，使戰線拉長，提供了協約國軍隊實施反攻條件。經過這 5 次進攻，德軍折兵百萬，兵源枯竭。1918 年夏季每月需要補充 16 萬兵員，實際只能拼湊到 6 萬人。它再也無力發動新的攻勢了。

　　另一方面，增援美軍大批到達，雙方兵力對比發生了更加有利於協約國的變化。

　　從 7 月 18 日起，協約國軍隊轉入反攻，接連發動 3 次戰役。至 9 月 15 日，已消除 3 個突出部，將德軍驅逐回其春季攻勢出發地，牢牢掌握了戰略主動權。

　　1918 年 9 月 26 日，協約國軍隊在西線向德軍發起總攻。德軍全線潰退，敗局已定。

　　與此同時，在巴爾幹戰場，協約國軍隊於 9 月 15 日向保加利亞軍隊發動進攻。保加利亞軍隊在 9 月 29 日投降。

　　在中東戰場，英軍在 10 月 1 日占領大馬士革，大敗鄂圖曼帝國軍，相繼占領敘利亞全境和美索不達米亞等地，迫使

鄂圖曼帝國於 10 月 30 日在停戰協定上簽字。

在義大利戰場，義軍於 10 月 24 日向奧軍發起進攻。幾天後奧軍全面崩潰。奧匈帝國於 27 日向協約國求和。

10 月 28 日，奧匈境內各被壓迫民族掀起民族革命浪潮。維也納爆發總罷工和遊行示威，要求奧皇退位。

11 月 3 日，已經瓦解的奧匈帝國投降，與義大利簽訂《停戰協定》。

德國的崩潰是必然結果。它缺乏人力，最後一次徵兵把 14 歲的孩子和 60 多歲的老人都徵去了。由於協約國實施海上封鎖，糧食和其他補給消耗殆盡。

11 月 3 日，德國開始了「十一月革命」，布爾什維克和自由派製造的國內動亂震撼了政府。

11 月 9 日，德皇倉促逃往荷蘭。

11 月 8 日，天主教中間派領袖馬蒂亞斯·埃茨貝格爾率領其他的德國代表來到康比涅的協約國司令部外。

他們會見了協約國聯軍總司令福煦元帥，他用兩天時間考慮了投降要求：

> 德國必須交出重炮和飛機、5,000 輛卡車、5,000 輛火車頭和 15,000 節車廂；大型軍艦和大多數潛水艇要停泊在各協約國港口，駐紮在奧匈帝國、羅馬尼亞、土耳其和俄國的德國軍隊必須立即撤出；萊茵河西部領土上的軍隊必須撤走。

埃茨貝格爾和他的同胞們同意這些條件。第一次世界大戰是同盟國與協約國兩個軍事集團為重新瓜分殖民地和勢力範圍、爭奪世界霸權而進行的一場全球規模的戰爭。戰爭的結局是同盟國集團的徹底失敗，協約國集團付出極大代價而獲勝。

以德國為首的同盟國集團由德意志帝國、奧匈帝國、鄂圖曼帝國和保加利亞王國所組成。以英法俄為首的協約國集團由 30 多個國家和地區組成，協約國集團為取得大戰的勝利付出了極大的代價，只有美國和日本掠獲不少實際利益。

這場帝國主義戰爭，無論是從同盟國方面講，還是從協約國方面講，都意味著帝國主義的暫時衰落，國際關係將發生新的變化。

凡爾賽宮的分贓醜劇

1919 年 1 月 18 日，英法美義日等 32 國家和地區的首腦、外交官上千人，匯集到金碧輝煌、雄偉壯觀的凡爾賽宮。

凡爾賽宮位於巴黎西南 15 公里處。前面是一座風格獨特的「法蘭西式」的大花園，園內樹木蔥蘢，花紅草綠，使人頓有美不勝收之嘆。

這次，來到這裡的是第一次世界大戰的戰勝國的首腦和外交官，他們將在這裡召開和平會議，討論與戰敗國簽訂和

平條約，建立國際聯盟，並策劃武裝干涉蘇俄和匈牙利革命。

這是人類歷史上第一次召開的具有世界規模的締約會議。

參加巴黎和會的各國代表有 1,000 多人，其中全權代表 70 人，後改為「四人會議」，即美國總統伍德羅‧威爾遜、英國首相勞合‧喬治、法國總理克里孟梭和義大利首相奧蘭多。

但因義大利在大戰中作用不大，幾乎沒有什麼貢獻，加上本國底子又薄，被英法冷落一邊。實際上這次會議又變為「三人會議」，他們是巴黎和會的三巨頭，也是主宰者。32 個國家和地區代表團的名額和權利都是不平等的，德奧等戰敗國不允許出席和會，蘇維埃俄國也被排斥在外。

各個戰勝國對和會各有打算，都想最大限度地實現自己的掠奪野心，同時想方設法抑制對手。

法國是第一次世界大戰的主要戰場，又曾遭受 1870 年普法戰爭戰敗的屈辱，它處心積慮設法削弱和肢解德國，防止其東山再起，並確立自身在歐洲大陸的霸權地位。

英國仍持傳統的「大陸均勢」策略，既要大大削弱德國的競爭能力，以利維護自身在世界範圍的霸權地位，又不願德國被肢解或過分削弱，以利於抗衡法國，制約蘇俄。

英法兩國從一開始就捲入戰爭，不僅損失慘重，而且整個國力遭受重創，使它們在戰後帝國主義列強的角逐中處於

相當屭弱的地位。

1913 年，英國本土人口為 4,000 萬餘人，法國本土人口也有 4,000 萬人。戰爭期間，它們的軍事人員死亡分別為 90.8 萬人和 153.7 萬人；負傷被俘失蹤者分別為 22.8 萬人和 480.3 萬人。

英國 1913 年至 1918 年國家預算從 1.97 億英鎊增加至 25.79 億英鎊，5 年中成長 12 倍。整個戰爭支出達 124.54 億英鎊，相當於同期國家收入的 44%。

法國戰時所受物資損失達 2,000 億法郎。其東北部 10 個省開戰不久即被德軍占領，淪陷 4 年的被占區原為重要採礦、冶金和紡織中心的，與法國經濟生活相隔絕，工業品完全喪失。

大戰期間，儘管軍事工業有所擴展，但英法兩國整個工農業生產趨向衰退。1913 年至 1918 年間，生產資料生產下降 14.3%，消費品生產下降 23.9%。另外，戰爭期間，英國喪失原有船隻的 70%，造船業由 1913 年建造船隻總噸位 120 萬噸降至 1918 年的 77 萬噸。德國的封鎖、商船的減少、民用工業的衰落，使英國的對外貿易受到嚴重的影響。1913 年至 1918 年間，按實物量計算，出口貿易減少一半；貿易逆差由 1914 年的 1.39 億英鎊增加至 7.84 億英鎊。為平衡國際收支，英國變賣 10% 的海外資產，並從美國的主要債權國變為它的

債務國。

1919 年，英國欠美國債務 8.5 億英鎊，占美國對協約國貸款的 45%。英國同時失去了世界主要金融中心地位，世界貿易中的優勢地位以及控制兩百餘年的海運壟斷地位。

1919 年，英國商船噸位低於戰前 14%；同期世界商船擁有量卻增加 2 倍，主要是美日兩國造船業的成長。法國對外貿易入超總額，5 年內達到 600 億法郎以上，遠遠超過其支付能力。它同樣淪為美國的債務國，至戰爭結束時共欠美國 40 億美元。戰爭的苦難主要落在大眾身上，他們不但要承受失去親人的傷痛，而且生活水準急劇下降，勞動條件越來越惡劣。由於大量工人應徵入伍，婦女、兒童到工廠從事繁重勞動，工作時間很長，薪資卻很微薄。各種生活必需品實行嚴格配給，人們大多處於半飢餓狀態。

英國工人實際薪資在戰爭期間降低 24%，而每個居民的稅額從 1913 年的 5.4 英鎊增加至 1919 年的 19 英鎊。

法國工人的實際購買力僅為戰前的 1/3。政府還將戰爭費用的重擔轉嫁給人民；依靠提高稅收、發行公債和貨幣來彌補巨額財政虧空。

與此相反，壟斷資本家卻大發戰爭橫財。英國壟斷資本在戰爭中獲得利潤 40 億英鎊。其礦場全部投資僅 1.35 億英鎊，而利潤達到 1.6 億英鎊。

法蘭西銀行發行公債的傭金和利息，1914 年第一季度收益 1,523 萬法郎，1917 年第一季度增加至 3,362 萬法郎。

　　不同階級、階層人們的境遇有天壤之別，這種情況加劇了國內階級衝突。英國工人階層爭取改善經濟生活和民主權利的抗爭，一浪高過一浪。

　　1914 年參加罷工人數 44.8 萬人，1918 年達至 111.6 萬人。絕大多數罷工不僅提出經濟要求，還提出政治要求。工會運動有所發展，會員從 1913 年的 413.5 萬人增加至 1918 年的 653.3 萬人。在軍隊中，士兵拒絕開赴前線，違抗軍令的事件不時發生。1917 年士兵開小差者增加至 2.1 萬餘人，甚至軍隊內部發生了嘩變。

　　在大戰中失大於得的還有義大利。它在國力上遠遜於其他歐美列強，但也已發展到帝國主義階段，渴求擴張領土和市場，野心勃勃。

　　義大利原本是德奧義三國同盟一員，進入 20 世紀後逐漸分化出來。大戰一爆發，交戰雙方都積極爭取義大利。它暫時保持中立，與雙方同時進行談判，以爭取在對它最為有利的條件下參戰。

　　1915 年 4 月 26 日，英法義俄四國在倫敦簽訂祕密條約，許諾義大利將在戰後從奧匈帝國取得南提洛、特倫提諾、的里雅斯特、伊斯特里亞、達爾馬提亞的部分地區和所屬島

嶼，阿爾巴尼亞的夫羅勒地區，土耳其的安塔利亞和伊茲密爾兩省，並在瓜分德國非洲殖民地時得到它將得到的一份。英國還同意向義大利提供 5,000 萬英鎊貸款。

5 月，義對奧匈宣戰。在戰爭中，義軍傷亡極大。它的主要作戰方向在威尼斯灣北端通往的里雅斯特的伊松佐河地區。

自 1915 年 6 月至 1917 年 9 月，義軍在 100 公里長的戰線上對奧匈軍隊發動了 11 次進攻戰役，損兵 100 餘萬，推進不超過 16 公里。

1917 年 10 月至 12 月，獲得德軍 6 個師增援的德奧聯軍在伊松佐河上游發起卡波雷托戰役，在 300 公里長的戰線上推近 100 多公里。義軍大敗，死傷 4 萬餘人，被俘 265 萬人，潰散 30 餘萬人。

義大利總共支出軍費 650 億里拉，而它每年的國民總生產毛額僅 200 億里拉。為此，共借外債 200 億里拉，內債 350 億里拉。工人實際薪資降低 40%～ 50%，生活費用比戰前提高 402.8%。大戰結束後，倫敦密約的許諾大多未曾兌現，在義大利國內激起了強大的民族主義運動。

與英法義等國的情形大不相同，美國和日本在第一次世界大戰中趁火打劫，肆意掠奪擴張，大發橫財。特別是美國，參戰時間短，戰場遠離本國，又是協約國軍需供應的

「兵工廠」和總後方。它的損失輕微，獲利最大。按 1913 年
比價折算，美國支付的戰爭費用僅為英國的 55%。

　　歐洲交戰國對軍需物資的需求及在世界市場上競爭能力
的削弱，為美國提供了增加工業生產和擴大商品輸出的極好
機會。

　　大戰結束時，整個世界的國際貿易縮減到戰前的 60%，
美國對外貿易卻大量增長。

　　大戰以前，美國是從歐洲輸入資本的國家，積欠歐洲諸
國 60 億美元債務。戰爭期間，美國供應物資和軍火作為對英
法貸款，不僅償清原先所欠債務，還借給協約國歐洲參戰國
103.38 億美元。

　　美國除影響歐洲以外，其擴張的目的是加強對拉丁美洲
國家的經濟控制和政治支配。

　　1917 年，美國在拉丁美洲 20 個國家的進出口貿易中的比
重，都已達到一半以上，分別占 51.7%～ 54.8%。它對南美
的資本輸出，從 1913 年的 13 億美元增加 1919 年的 24 億美元。

　　戰前它在南美洲沒有一家銀行，至 1921 年年初已開設
50 家銀行分行。美國資本還進一步侵入中國。美國對華出口
額，從 1913 年的 3,500 萬海關兩增加至 1919 年的 1.08 億海
關兩，增長 2 倍以上。美國向中國政府貸款 1,300 萬美元，
攫取在華修建 750 公里鐵路的權利和其他權益。

日本在第一次世界大戰中，攫取的利益僅次於美國。日本迫不及待地站在協約國方面參戰，其目的就是要接管德國在中國的「勢力範圍」，獨霸中國，進而攫取德國的太平洋屬地，從而繼續向南擴張。

日本在 1914 年 8 月對德宣戰，9 月 2 日占領中國山東龍口，隨即相繼占領濰縣、濟南，控制膠濟鐵路，並在 11 月 7 日攻占青島。日本人所到之處，殺人放火，姦淫擄掠，無惡不作。

與此同時，日本海軍南下掠取德國在太平洋的殖民地馬紹爾、馬里亞納和加羅林諸群島。

1915 年 1 月 18 日，由日本駐華公使向袁世凱政府祕密提出妄圖滅亡中國的「二十一條」要求。

5 月 7 日，日本發出最後通牒，限 48 小時答覆。袁世凱政府除對其中第五條，即中國政府須聘用日人為政治、財政、軍事顧問；中國警政及兵工廠由中日合辦；武昌至南昌，南昌至杭州、潮洲間的鐵路修築權等聲明「容日後協商」外，其他各項均於 5 月 9 日答覆予以承認，並與日方簽訂《關於南滿洲及東部內蒙古之條約》、《關於山東之條約》等賣國條約及 13 個換文。

但在中國人民強烈反對，以及英美關於不得損害他們在華利益的表示之下，未能全部實際生效。

帝國主義的新危機

協約國多次要求日本派遣軍隊到歐洲作戰，日本政府均以種種藉口拒絕出兵。

至 1917 年 3 月，英法以承認日本對德屬太平洋島嶼的占領為交換條件，日本派 3 艘軍艦去印度洋和地中海。在整個大戰期間，日本僅以軍人死亡 300 人、負傷失蹤 910 人的輕微代價，奪取了德國在遠東和太平洋的「勢力範圍」，擴大了對中國的侵略和占領，而且大發戰爭橫財，增強了在帝國主義列強角逐中的實力。

日本在遠東的擴張和來自歐洲的軍事訂貨，使它在 1914 年至 1919 年間的進出口貿易增加 3 倍以上，總額累計 13.2 億日元。

日本成為主要海運國之一，還取得 18.9 億日元的貿易外收入。1919 年，日本從戰前負債 17 億日元的債務國成為借出 5 億日元的債權國。

美國謀求進一步擴大在國際事務中的影響，實現稱霸世界的野心，企圖以威爾遜的「十四點」原則為基石，左右和會議程和決定。它指望控制國際聯盟，使之成為它的爭霸工具；還要保存德國的一定實力，以抑制英法，對抗蘇俄；並要削弱日本在遠東的影響。

「十四點」原則是美國總統威爾遜 1918 年 1 月 8 日在國會演說中提出，並在以後的聲明中予以闡述的「世界和平綱領」。這是威爾遜總統對解決戰後問題提出的建議。

「十四點」原則的主要內容：

- 以公開方式締結和平條約。
- 公海絕對航行自由。
- 拆除一切經濟壁壘。
- 縮減軍備。
- 公平調整一切殖民地所有權要求。
- 從俄國領土撤軍，允許俄國自願選擇自己的政治制度。
- 從比利時撤軍，對其所應享有的主權不能給予任何限制。
- 解放全部法國領土，把亞爾薩斯 - 洛林歸還給法國。
- 按民族的分布重新調整義大利的邊界。
- 充分給予奧匈帝國各民族發展自治的機會。
- 撤離羅馬尼亞、塞爾維亞及黑山，並給予塞爾維亞出海口。
- 鄂圖曼帝國的土耳其部分仍享有主權，但屬於土耳其統治的其他民族應享有發展自治的機會，達達尼爾海峽向一切國家的船隻開放。
- 建立獨立的波蘭，使其擁有安全自由的出海口。
- 成立國際組織，以保證所有國家的政治獨立和領土完整。

「十四點」原則是美國企圖憑藉在戰爭中增長的實力，削弱主要競爭對手英法的地位，保證美國充當世界盟主的綱領。它不僅是結束第一次世界大戰的條件，也反映了美國敵

視蘇維埃俄國,限制被壓迫民族獨立要求的立場。

日本和義大利也各有自己的如意算盤。

由此可見,「巴黎和會」是帝國主義戰勝國列強分配戰爭贓物的會議,是它們繼續爭奪世界霸權的會議,也是損害殖民地半殖民地國家權益、鎮壓無產階級革命運動的會議。整個會議的進程,充分反映了帝國主義國家之間錯綜複雜的矛盾糾葛。

其實,早在戰敗前夕,德國於 1918 年 10 月 4 日向美國表示願在「十四點」基礎上進行停戰談判及和平談判。同年 10 月底,協約國就停戰條款舉行預備性會談。

英法義首腦都不願承擔「十四點」內的義務。最後,美國威脅說將拋棄它的盟友單獨與同盟國締結條約。在此之後,英法才有條件地同意和談。

「巴黎和會」的會議分為最高會議、專門委員會會議和全體會議 3 種。帝國主義五大國首腦及其外長組成「十人會議」,即最高會議,決定和會進程與重大問題。

為了便於列強首腦討價還價,迅速作出決定,1919 年 3 月下旬成立由美、英、法、義首腦組成的「四巨頭會議」,並在它之下設立五國外長組成的「五人會議」,以取代「十人會議」。

至於全體會議,整個和會期間只開過 7 次,不過是走走

過場而已。

「巴黎和會」一開始就為議程順序展開激烈爭吵。威爾遜主張首先討論國際聯盟問題，堅持提出國際聯盟應與和約共同構成統一的整體，盟約是和約不可分割的組成部分，對所有國家都具有約束力。

英法主張盟約與和約分開，先討論瓜分殖民地和領土問題。「十人會議」就此爭論了 4 天，最後決定國際聯盟問題與其他問題同時進行討論。

關於國際聯盟盟約及對德和約的討論，幾乎每一條款都引起激烈的爭執，威爾遜、勞合·喬治和克里孟梭甚至先後威脅要退出「巴黎和會」。

對國聯盟約的主要爭執是：英國反對盟約中列入海上自由條款，以維護它的海洋優勢和貿易地位；美國則力圖在海上自由的名義下向世界海洋擴張。美國堅持將德國殖民地和鄂圖曼帝國領地交由國際聯盟處理，實行委任統治制；英法等國反對委任統治原則，紛紛提出各自瓜分殖民地的方案。英國認為，各自戰時所占領土應劃歸各自治領的版圖。

由於威爾遜致力於建立國際聯盟而背離門羅主義傳統，為了不給反對派以口實，他力圖在盟約中加上一段與門羅主義不相牴觸的說明，因此，他不得不對英法做出某些讓步，國際聯盟盟約達成妥協。

帝國主義的新危機

　　1919 年 4 月 14 日，克里孟梭提出薩爾區由法國實行委任統治及英法駐軍萊茵河左岸 15 年等建議，並表示同意將門羅主義寫入盟約。與此同時，為了換取英國支持，美國向英國作出口頭保證，放棄海上競爭。

　　三方經過祕密交易而達成諒解。

　　1919 年 4 月 28 日，《國際聯盟盟約》在巴黎和會全體會議上通過。國際聯盟理事會的權力機構是會員國全體會議及行政院；行政院由 9 國代表組成，美、英、法、義、日為常任理事國，另設 4 個非常任理事國。

　　威爾遜以為美國將能操縱由他倡議建立的國際聯盟，結果出乎他的意料，國際聯盟的實際控制權被英法所掌握。儘管英法之間也有矛盾，但它們在維護原有霸權地位，攫取戰爭贓物，抑制美國控制國際事務等方面，有著共同的利害關係。

　　國際聯盟的表決制度，全體會議是一國一票，程序問題可以多數決定，英國連同其自治領地和印度即擁有 6 票。在行政院，英法也容易形成多數，足以遏止美國操縱的圖謀。

　　殖民地的再瓜分，主要利益落入英、法手中，美國一無所得。美國雖軟硬兼施，費盡心機，但到頭來，通過的國際聯盟盟約，對它來說，只是贏得一紙空文。由此引起美國國內的廣泛不滿。

由於《國際聯盟盟約》是《凡爾賽條約》的組成部分，美國參議院在 1919 年 11 月 19 日以 53 比 38 的多數拒絕批准和約。因而，國際聯盟的創立者美國沒有加入國際聯盟。

《對德和約》條款是戰勝國列強在「巴黎和會」期間爭吵最激烈的問題。

1919 年 3 月 25 日，勞合·喬治就此向美法提交一份備忘錄，主張萊茵區仍歸德國，實行非軍事化；法國除收回阿爾薩斯 - 洛林外，將獲得薩爾煤礦開採權 10 年。同時，由英美向法國提供軍事保證，以防止可能來自德國的侵略。波蘭可獲得但澤走廊。儘管法國國內對此強烈不滿，但懾於英美的壓力，在做了小的調整以後達成妥協。《凡爾賽條約》共 15 部分 440 條。其第一部分是國際聯盟盟約，第二部分以後是對德和約。主要內容是：

- 重新確定德國的疆界。阿爾薩斯 - 洛林歸還法國。薩爾煤礦歸法國所有，薩爾區行政管理由國際聯盟負責，15 年後舉行全民投票決定其歸屬。

  萊茵河兩岸 50 公里內劃為非軍事區，德國無權設防。萊茵河左岸由協約國占領 15 年，劃分為 3 個占領區，分別在滿 5 年、10 年、15 年後撤軍。

  有 3 小塊面積為 384 平方公里的地區歸屬比利時。什勒斯維希 - 霍爾斯坦因經過公民投票，其擁有 1,538 平方公

里的北部地區歸屬丹麥。在東部，將波茲南、西普魯士
大部和西里西亞一部分交給波蘭；但澤作為自由市，由
國際聯盟管理，波蘭有權控制但澤走廊。

德國還放棄梅梅爾，並將上西里西亞南部劃歸捷克斯洛
伐克。

· 瓜分德國的全部殖民地。按委任統治制，德國的非洲屬
地由英、法、比利時和英國自治領南非統治。所屬太
平洋島嶼、赤道以北諸島歸日本統治，赤道以南由英國
自治領地澳大利亞、紐西蘭統治。取消德國在中國、埃
及、摩洛哥、賴比瑞亞等國的特權。

· 最大限度解除德國武裝。廢除普遍義務兵役制，限定德
國陸軍不得超過 10 萬人，海軍兵員不得超過 1.5 萬人，
撤銷總參謀部。規定德國擁有軍艦的最多限額，禁止擁
有潛艇及軍用飛機。禁止生產和輸入坦克、裝甲車等重
型武器。

· 規定賠償原則和附加的經濟條款。德國及其同盟國需賠
償協約國因戰爭所受的一切損失。由協約國賠償委員會
在 1921 年 5 月 1 日以前決定德國應在 30 年內付清的賠
款總額，此前德國應交付協約國 200 億金馬克賠款。

德國必須交出並歸入賠款帳內的實物清單。還規定 10 年
以內，每年交付協約國 4,000 萬噸煤等。德國最重要的

河流交由國際專門委員會控制，法國免稅向德國出口一定數量貨物，而德國出口貨物必須付稅等非互惠措施。

1919 年 5 月 7 日，「巴黎和會」主席克里孟梭將和約文本交給德方，通知德國代表不得進行任何口頭辯論，可在 15 天內用書面陳述意見。德方力圖利用協約國列強之間的矛盾，接連發出備忘錄，要求放寬某些條件，聲稱「這個條約的條款之苛刻，是德國人民所無法忍受的」。

5 月 29 日，德方向「巴黎和會」主席提交答覆，其中包括一整套的反對建議。

很多德國水兵寧願把自己的軍艦沉沒，也不願把它們拱手送給協約國。德國的海軍官兵們 1919 年 6 月 12 日中午相約登上被扣押在斯卡帕夫羅海灣的德國軍艦，以升上一面紅旗為訊號，準備把這些船隻沉沒。

他們打開船上的防水活門，使除了「巴登號」以外所有的大型船隻、主力艦和戰鬥巡洋艦迅速沉沒。

英國警戒艦立刻向他們開火，德國兵或者利用救生筏，或者靠著游泳返回岸上。他們隨即被岸上的英國海軍拘捕，有部分拒絕從命的德國水兵喪生在英軍的槍口下。

6 月 16 日，「巴黎和會」將和約最後文本交給德方，僅做了不重要的改動，如原擬將上西里西亞割讓給波蘭改為舉行公民投票。

克里孟梭在照會中宣稱，對於「今天這一條約文本，要嗎完全接受，要麼完全拒絕」，要求在 5 天內答覆；如到期還未答覆，列強將宣布停戰期終止，「採取他們認為有利於強制執行和約有關條款的步驟」。協約國為此集結 39 個師，福煦受權在「停戰終止時，立即開始前進」。

德方對是否接受和約發生重大分歧，內閣辭職，重新組成新政府。國民議會主張在不承認德國是大戰發動者、不接受追究戰爭罪責條款的前提下批准簽署和約，但協約國拒絕接受任何保留意見。

在停戰期限終止前 1 小時 30 分，德方才被迫宣布無條件接受和約。

在導致第一次世界大戰的塞拉耶佛槍殺案 5 年後的 1919 年 6 月 28 日，和平條約在法國簽訂，《凡爾賽條約》正式結束這場戰爭，但在德國引起了新的憤恨和摩擦。

事實上，德國代表說如果事先知道被如此對待，他們是不會到凡爾賽來的。德國代表因被迫由隔離通道進入明鏡大廳而感到恥辱，拒絕進入大廳，直至協約國同意儀式結束時向他們致以軍禮，他們才走進大廳。

法國主人盡其所能將會場布置得華麗壯觀。1871 年，德國人曾在凡爾賽使法國人處在卑躬屈膝的地位。

法國總理克里孟梭是到達凡爾賽的第一位協約國領袖，他在大會開幕式上發表簡短演說，警告德國要尊重條約的規

定。但克里孟梭並不是第一位在和約上簽字的協約國領袖。此項殊榮給予了美國總統伍德羅·威爾遜。

簽字儀式結束後，威爾遜、克里孟梭和勞合·喬治從明鏡大廳走到凡爾賽宮後面的平臺上，為此成千上萬的觀眾激動不已。

人群簇擁著向前移動以便能看見這些政治家。他們歡呼著：「克里孟梭萬歲！威爾遜萬歲！勞合·喬治萬歲！」如此這般的激動和混亂以致協約國的其他代表一時也被擠在大廳裡面。

德國代表蒙恥離開會場，並在他們所住旅館中發表對所受的對待感到十分憤慨。在德國國內那些《凡爾賽條約》的批評家們又何止是憤恨呢！抗議者們湧入街道，德國學生放火燒燬法國軍徽。

中國反對和約有關中國山東的一些條款，拒絕簽字。美國參議院拒絕批准此項和約。

出席和談會議的英國代表，經濟學家約翰·梅納·凱恩斯警告人們說：和約可能給德國經濟帶來嚴重破壞。其他批評家對《凡爾賽條約》能否真正帶來一種永久的和平表示懷疑。

1921 年 7 月，美國會兩院通過共同決議，宣布結束對德戰爭，同年 8 月 25 日美德簽訂和約。

1919 年 9 月 10 日，在巴黎附近的聖日耳曼宮簽訂《對奧

條約》，稱為《聖日耳曼條約》。11 月 27 日，在巴黎近郊訥依簽訂《對保條約》，稱為《訥依條約》。

1920 年 8 月 10 日，在巴黎附近的塞夫爾簽訂《對土條約》，稱為《塞夫爾條約》。

以《凡爾賽條約》為主的這一系列條約，基本構成戰後國際關係，主要是歐洲國際關係的新體系，通常稱為「凡爾賽體系」。這一系列條約的條款是極為苛刻的，是對戰敗國人民肆無忌憚的掠奪。

凡爾賽體系建立了歐、亞、非三大洲的新秩序。

國際聯盟標榜的是「促進國際合作，維護國際和平與安全」；聲稱凡對國際聯盟成員國任何一國從事戰爭者，即被確認為對國際聯盟所有成員國的戰爭行為，國際聯盟應給予經濟，甚至軍事制裁。

國際聯盟盟約還規定，維護殖民主義的委託統治制度。根據這種制度，國際聯盟把第一次世界大戰的戰敗國德國的殖民地和鄂圖曼帝國在中東的領地分別委託給英、法、日等帝國主義國家來統治。

所謂委託統治制度，實際上是帝國主義重新瓜分殖民地的制度；從另一方面看，帝國主義列強不得不承認，這是受國際聯盟委託，一旦這些殖民地能夠自主，它們將取消這種委託。

總之，帝國主義企圖透過國際聯盟，在世界人民心目中製造和平幻覺，以鞏固巴黎和會所形成的凡爾賽體系的「新秩序」。

至 1930 年代，國際聯盟對日、德、義法西斯的侵略行動，不但未加制止，反而縱容包庇，終於導致了第二次世界大戰的爆發，國際聯盟也就隨之瓦解，1946 年 4 月正式宣告解散。

協約國恃強凌弱

1919 年 6 月 28 日，華麗壯觀的法國凡爾賽宮明鏡大廳。

衣冠楚楚的威爾遜、克里孟梭和勞合・喬治正襟危坐，滿臉沮喪的德國代表垂頭喪氣。隨著筆尖在一大疊文件上移動，《凡爾賽條約》如期簽訂。

凡爾賽宮後面的平臺上，成千上萬的觀眾激動不已。然而，這只是少數國家的狂歡，大部分參戰國和受害國的利益都沒有得到保證。

中國是戰勝國之一，代表團由北京和廣州派官員聯合組成，有北京外交總長陸徵祥、駐英公使施肇基、駐美公使顧維鈞、駐比利時公使魏宸組及廣州的官員王正廷等。中國代表團最初對和會抱有很大的希望，在提交的議案中提出了 7 個條件：

- 廢棄勢力範圍。
- 撤退外國軍隊、巡警。
- 裁撤外國郵局有線無線電報機關。
- 撤銷領事裁判權。
- 歸還租借地。
- 歸還租界。
- 關稅自由權。

此後，在中國留歐學生的強烈要求下，中國代表團又追加了一項提案：

請求「巴黎和會」取消 1915 年 5 月 25 日的中日協約即「二十一條」及換文的陳述書。「二十一條」是日本帝國主義以威脅利誘的手段，迫使袁世凱政府簽訂的把中國的領土、政治、軍事及財政等都置於日本的控制之下的不平等條約。「換文」是 1917 年日本與段祺瑞控制下北京政府簽訂的「密約」。主要內容為：

- 膠濟鐵路沿線之日本國軍隊，除濟南留一部隊外，全部調集於青島。
- 關於膠濟鐵路沿線的警備：日軍撤走，由日本人指揮的巡警隊代替。
- 膠濟鐵路將由中日兩國合辦經營。

段祺瑞政府在換文中，對日本的提議「欣然同意」。駐日公使章宗祥向日本政府親遞換文，消息傳出後舉國嘩然。

1919 年 1 月 27 日，由美、英、法、義和日本代表組成的所謂「五人會議」討論德屬殖民地問題，中國代表列席參加。在此後連續幾天的會上，中日兩國代表就山東問題展開了激烈的爭辯。日方首先提出中國參戰晚，未發一兵一卒，因此不能享受戰勝國待遇，顧維鈞列舉了中國對協約國的貢獻，指出中國應享有的權利。

日方代表以第一次世界大戰中出兵山東趕走德國人，實際控制青島為由，稱膠州灣以及鐵路與德國人在山東的所有權利均應無條件讓與日本。

顧維鈞從山東的歷史、地理及文化講起，說明青島完全是中國的領土，不容有絲毫的損失，因此山東主權應當直接交還中國。

日本代表又搬出「二十一條」和 1917 年日本與歐洲列強簽訂的密約作為根據，中國代表據理力爭。消息傳出，輿論嘩然，全國人民紛紛致電聲援中國代表。但是，「巴黎和會」的「十人會議」對中方關於廢棄勢力範圍、撤退外國軍隊、巡警及取消「二十一條」要求的兩次提案，均以與「巴黎和會」無關為由予以拒絕。

1919 年 4 月下旬，美英法義首腦會議 3 次討論中國山東

問題，中國代表被拒之門外，連會議記錄也不准看。4月30日，美英法「三巨頭」召開最後一次關於山東問題的會議，只邀請日本代表參加，再次排斥中國代表。會議決定，德國侵占的中國膠州地區、鐵路、礦山、工廠等及一切附屬權利，「均為日本獲得並繼續為其所有」，並將這一嚴重損害中國主權的決定列入《凡爾賽條約》。北洋政府屈服於帝國主義壓力，密令中國代表簽字，由此激起了中國轟轟烈烈的「五四」愛國運動。中國代表最後拒絕在《凡爾賽條約》上簽字。

在「巴黎和會」上，還有一項並非會議正式議程卻始終在明裡暗裡進行策劃的內容，就是對蘇維埃俄國的武裝干涉。

列強對扼殺蘇俄在目標上是一致的，但策略上有不同考慮。協約國聯軍總司令、法國元帥福煦，在「巴黎和會」預備會上公然要求組織200萬反對蘇俄的遠征軍，並建議主要由美國提供軍隊。此前，美軍已有1.5萬人被派往蘇俄北部和遠東地區，參與武裝干涉。威爾遜拒絕增派軍隊。

勞合·喬治認為：俄國這個國家雖然很容易攻入卻很難征服。他們主張採取談判策略，以做好掩護武裝進攻的準備。

整個和會期間，列強多次討論武裝干涉蘇俄問題，批准對蘇俄經濟封鎖，在波羅的海沿岸各國組成「防疫地帶」，抑制蘇俄革命抗爭的擴展。

「四人會議」還接見蘇俄各種反革命組織的代表，派遣協約國軍事代表團，提供武器裝備，並討論利用蘇俄鄰國的軍隊進行武裝干涉的計劃。

1920 年 4 月，協約國集團利用波蘭和弗蘭格爾為主力，向蘇維埃俄國發動一場武裝進攻。

在協約國唆使和支持下，波蘭於 1920 年對蘇俄發動了戰爭，4 月進入烏克蘭，5 月攻占基輔。與此同時，弗蘭格爾軍隊由克里米亞自南向北發動進攻。

蘇維埃軍隊從 5 月下旬轉入反攻，收復了大片失地，並於 8 月中旬進抵華沙和利沃夫。波蘭政府無力繼續戰爭，遂於 10 月 15 日同意和談。

10 月 20 日，俄羅斯、烏克蘭同波蘭簽訂了初步和約。11 月上旬，繼波蘭軍隊失敗後，紅軍多次重創弗蘭格爾軍隊，並最終將其趕出克里米亞，從而徹底打敗了帝國主義對蘇俄的 3 次武裝干涉，基本結束了國內戰爭。

「巴黎和會」還成立策動武裝干涉匈牙利革命的指揮部。1919 年 3 月 21 日，匈牙利蘇維埃共和國宣告成立。

「巴黎和會」立即召開緊急會議。協約國總部下令禁止與匈牙利貿易，實行經濟封鎖。4 月 16 日起，羅馬尼亞、塞爾維亞、法國、捷克斯洛伐克軍隊先後從東線、南線、北線展開全面進攻。進攻部隊在巴爾幹協約國軍總指揮、法軍將領的統率下，總兵力達 20 萬人至 22 萬人。

克里孟梭代表「巴黎和會」兩次向匈牙利政府發出最後通牒，以羅馬尼亞撤軍和邀請匈牙利參加和會為交換條件，要求匈牙利紅軍停止進攻，撤至 1918 年停戰協定規定的分界線內。7 月 5 日，「巴黎和會」作出進一步武裝干涉匈牙利的決議，終於在 8 月初顛覆了匈牙利蘇維埃共和國。

德國承擔戰爭賠款

德國賠款問題也是「巴黎和會」上爭執激烈的問題。法國要求德國賠償戰勝國的全部戰費和全部損失，以此作為削弱德國的重要手段。

法國提出德國賠款總額為 6,000 億至 8,000 億金馬克，折合 150 億至 200 億美元。「巴黎和會」專門委員會建議的賠款總額為 4,800 億金馬克，即 120 億美元，英美主張賠償數額應與德國支付能力相適應。

至於賠款分配的份額，英國主張按軍事開支分配賠款的原則，提議法國得 50%，英國得 30%，其他國家 20%。

法國強調它遭受戰爭損失最大，堅持應得 58%，英國得 25%。美方試圖折中，主張法國 56%，英國 28%，但反對英法把償還美國債務與賠款問題連繫在一起。

最後商定和約不確定賠款總額，交由一個特別賠償委員會研究，至遲在 1921 年 5 月 1 日以前向德國政府提出確切的要求。

巨額的賠款導致德國出現惡性通貨膨脹。因此 1921 年 1 月 6 日，英國首相勞合‧喬治和法國總理白里安在夏納召開會議，討論德國請求延付賠款事宜。德國代表團在會上說明德國所處的經濟困境。

在夏納會談中，德國代表表示：「德國為了償付戰爭賠款，就得擴大出口，如此勢必會威脅到法國的工業。」

英法兩國原先同意讓步，但這一讓步卻隨著白里安政府於 1 月 12 日的突然垮臺而終止。法國新任總理雷蒙‧普恩加萊堅持德國必須履行《凡爾賽條約》中的條款。德國代表團在夏納會議中唯一爭取到的是允許其延期付款和在熱那亞召開世界經濟會議。

1921 年 1 月 24 日，協約國在巴黎決定了德國應付的戰爭賠償。基數近 560 億金馬克，分 42 年付清。此外，德國還將被迫交納其 12.5% 出口商品稅。

儘管德國沒有派代表出席巴黎會談，但會議上仍然產生了爭議。法國總理白里安和英國首相勞合‧喬治之間產生了尖銳的分歧。勞合‧喬治對法國要求更多的賠款這一點十分反感，以致拒絕離開他在格里朗旅館的房間。

白里安不僅向德國要更多賠款，而且要求德國均分其戰後重建新繁榮的利益。出口商品稅就是對法國這種要求的讓步。

　　為了防止德國抵制支付的賠款，協約國也制訂了相應措施——如果德國不能支付，協約國威脅說要接管德國關稅，在萊茵河兩岸地區駐紮軍隊並重新占領魯爾。因為協約國的金融專家計算過，德國透過縮減軍事預算和取消高薪可以負擔一半賠款，但德國馬克正在迅速貶值，要想獲得賠款「不過是竹籃打水」。

　　果不其然，1921 年 3 月 1 日，在倫敦舉行的協約國會議上，德國拒絕了為數 2,260 億馬克的戰後賠款。德國只同意扣除已繳納的賠款之外，再付 500 億馬克。因為德國想透過國際貸款來籌措賠款，但協約國駁回德國的建議，並指斥該建議是不可接受的。

　　1921 年 3 月 7 日，倫敦談判中斷，雙方僵持不下，未取得任何結果。8 日，協約國採取德國拒付賠款的制裁措施：比利時和法國軍隊占領了杜塞爾多夫、杜伊斯堡、魯羅爾特，不久又占領了米爾漢姆和上豪森，並且解除當地警察、武裝衛隊的武裝。

　　1922 年 8 月 2 日，由於償付戰爭賠款和國家銀行採取膨脹性的貸款政策，德國的通貨膨脹猶如雪崩一般急劇變化。

　　1922 年 8 月初，1 美元兌換 860 馬克，到了月底 1 美元可以兌換 1,990 馬克。由於協約國堅持執行德國分期償付賠款，使馬克在國際股票市場上的匯率立即下跌。德國必須以

外匯和黃金支付賠款。

由於法國對魯爾區的占領及當地居民的罷工，給德國增加了極為沉重的負擔。被占領區有數以百萬的居民需要資助和救濟，政府必須購買煤炭供應那些缺煤的地區。為滿足國家日益增長的需求，貨幣印刷機只好晝夜不停地運轉。

4 月分，政府的收入僅為支出的 1/7。直至 4 月中旬，國家銀行還能在外匯交易所透過出售外匯、黃金而購進馬克，來支撐疲軟的馬克，但是，魯爾區的持續抗爭，使人無法採取任何支撐措施。

物價像脫韁的野馬狂奔亂跑。德國人的忍受能力正面臨嚴峻的考驗，飢餓在全國蔓延著。在薩克森，憤怒的人群進行暴力活動，以抗議物價飛漲。

據此，1923 年 6 月 5 日，德國國家銀行行長魯道夫·哈芬史坦公開承認馬克支撐無望。

1924 年 7 月 16 日至 8 月 16 日，協約國倫敦國際會議批准了關於德國賠款問題的計劃，並得到德國議會立即通過。這個計劃是由美國銀行家道威斯為主席的專家委員會擬定和提出的，所以稱「道威斯計劃」。

「道威斯計劃」在 1924 年 4 月 8 日公布，計劃所依據的原則是所謂「只談業務，不管政治」。

計劃規定，在協約國的監督下改組德國國家銀行；但沒

有確定德國賠款的總數，只規定 1924 年至 1925 年的賠款數為 10 億金馬克，以後逐年增加，5 年後增至每年 20.5 億金馬克；德國將得到 8 億金馬克的外國貸款，其中美國承擔 1.1 億美元，餘額由歐洲國家承擔。

計劃規定，德國工業企業和鐵路運輸收入的一部分、關稅的一部分作為賠款支付，法國、比利時軍隊立即撤出魯爾。

「道威斯計劃」的通過和實施，說明法國對德政策的失敗，英、美對德政策起了主導作用。「道威斯計劃」實施後，德國所得到的貸款遠遠超過 8 億金馬克。

據統計，1924 年至 1929 年，英、美兩國給德國的貸款至少有 200 億至 250 億金馬克，而美國給德國的貸款就占了德國全部外國貸款的 70%。德在此間支付的賠款為 110 億金馬克。

美、英的貸款和「道威斯計劃」對德國經濟的恢復起了不小的作用，德國借此有利條件以現代化的技術更新了本國的裝備。至 1927 年德國生產已經恢復至戰前水準，1929 年，德國的工業經濟水準已經超過英、法。

「道威斯計劃」實施後，德國的財政經濟日趨穩定，1927年，德國的輸出已經超過戰前水準。與此同時，德國在外交上向英、法、美提出協約國家軍隊提前撤出萊茵地區和減少賠款的問題。

　　為了研究修改「道威斯計劃」中有關德國的賠款計劃，
1928 年 12 月成立了特別專家委員會。這個委員會由美國銀行
家歐文‧楊格擔任主席，所以這個委員會制訂的計劃稱「楊
格計劃」。

　　制訂計劃經過了激烈的爭論，德國代表要求大量削減賠
款款額，由於美國從德國的收益主要是投資利潤而不是賠
款，所以美國支持德國的要求。法、比、義反對減少賠款，
英國要求從德國得到的賠款足夠償還美國的債務。

　　經過長期的爭論調停，「楊格計劃」於 1929 年 6 月 7 日
得到特別專家委員會的贊同。8 月 6 日至 31 日，由英、法等
12 個國家參加的海牙會議通過了「楊格計劃」。

　　「楊格計劃」是「道威斯計劃」的延續，但又與「道威斯
計劃」不同。「楊格計劃」規定，德國賠款總額減至 1,139 億
馬克，每年支付額比「道威斯計劃」減少 20％，前 37 年，
即至 1966 年 3 月 31 日為止每年平均支付約 20 億馬克，後 22
年，即至 1988 年為止支付 16 億至 17 億馬克；計劃取消了協
約國對德國財政經濟的各種監督。

　　「楊格計劃」的通過，表明協約國進一步放寬《凡爾賽條
約》對德國的限制，也表明德國國際地位的進一步提高，美
國對歐洲和德國的經濟、政治影響繼續加強。

　　1929 年，國際聯盟在海牙舉行會議。會議上英國、法

國、義大利和比利時在德國同意下，達成關於賠償的最後決定，並且同時約定至 1930 年夏季 —— 比《凡爾賽條約》規定時間早 5 年 —— 撤出萊茵蘭占領區。

「海牙協議」是經過英國政府和它以前的盟國間的極艱巨的討論還價才達成的。有很多次會議似乎必然要完全失敗了。但是，當最後獲得成功的時候，人們普遍表示了異乎尋常的寬慰和滿意。

一般辯論和整個會議的確充滿了目標一致和希望一致的精神，這是歷來大會沒有能達到或以後注定不能恢復的。

出席大會的會員國數目比以前增多，代表團的品質也比以前提高了。包括 30 位總理或外交部長的 53 個國家的代表團，坐滿了改革大廳。

這是第十屆大會，在幾個月之後，就到國際聯盟正式誕生的 10 週年了。因此各國發言人在討論本國特別感興趣的問題的前後，都要考慮一下國際聯盟總的情況，把它最初成立時的期望，和它頭 10 年的成績以及它未來的展望做一番比較。

來自歐洲、南美洲和遠東各國的代表一個接一個地發表聲明：儘管存在一些不盡如人意的事，國際聯盟仍然證明它的創立者的信念是正確的；它已經作了巨大的貢獻，並且注定還要作出更大的貢獻。

它的實際工作經驗，證明它的繼續存在的必要；他們以及他們代表的各國人民依賴它並且決心維護它。

第二次海牙會議經過卓有成效的討論，於 1930 年 1 月 20 日閉幕。作為戰敗國的德國為第一次世界大戰所承擔的經濟後果終於獲得調整。在海牙談判的文件中規定，歐洲國家將兩次海牙會議的全部成果和「楊格計劃」合併處理，對德國因第一次世界大戰而產生的一切財政問題做了重新的安排。

德國表示將負起新條約規定繳納賠償款項的義務，為執行這項會議決定，將建立一個國際銀行，德國透過這個國際銀行繳付債務。

為確保德國付款，該條約的簽字國規定德國在貨幣經濟受到威脅時，可以使用延期償付權。如果在執行過程中出現不同意見，不可不顧德國的意見另作決定，而是應該通過一個有計劃的規章，並在有德國參加的仲裁法庭中進行談判。

所有的與會國家均希望隨著條約的批准，能夠有條理地處理大戰之後賠款問題。

1930 年 2 月 5 日，德國參議院批准「楊格計劃」，同時，國會也開始討論「楊格計劃」的提案。此後在 3 天的辯論中，贊成政府派和德意志民族主義派各持己見，互相爭論不休。

最後，國會將所有的提案提交主管委員會，該委員會馬上著手工作，經過 14 天的激烈爭議後，終於在月底通過了

帝國主義的新危機

「楊格計劃」的全部條文。

德國總統興登堡在其中折中協調，為困難重重的國會立法工作鋪路。

1931 年，德國又以經濟困難為理由，要求延期支付賠款，得到美國總統胡佛的支持，發布了「胡佛緩債令」，實際上取消了賠款。從「道威斯計劃」到「楊格計劃」，德國在經濟上得到美、英的種種支持。

1931 年 6 月 5 日至 9 日，德國總理布魯寧和外交部長科蒂斯到英國訪問，試圖向對方解釋目前極度困難的處境，但未獲得具體的結果，無功而返。

美國總統胡佛建議有關國家制訂一個延期償付期，允許各債務國暫停付款一年。在歐洲停留的美國財政部長安德烈·梅隆立即與相關國家進行談判。

與此同時，一個國際銀行財團貸款一億美元給德國國家銀行，以緩和外國紛紛提走存款的危機。

1931 年 6 月 20 日，針對調整賠款及戰爭債務的「楊格計劃」面臨著解體的危險，德國的經濟狀況顯然已付不出 6 月分到期的賠款額，結果連帶使德國的債權國無法付清對美國的戰債。

「楊格計劃」規定至 1988 年為止，德國每年向相關國家付款，其中大部分的款額又將轉付給第一次世界大戰期間協約國的主要債權國美國。

條款中規定，德國每年必須繳的款額達 10 億馬克，以當時的世界經濟狀況而言，任何一國均得不到這些款額，僅僅是從國際預算銀行貸款，德國每年就得支付利息 1.1 億馬克。

美、英所以這樣做，完全是為了本國的資本和商品輸入歐洲，為增強他們在歐洲的勢力，為了培植德國力量，以牽制法國，反對蘇聯，並收「養雞取卵」之效。

美日英的軍備競賽

「巴黎和會」以後，遠東和太平洋地區還沒來得及根據帝國主義力量對比的變化建立一個戰後的新秩序，於是，美、日、英三國為此展開了激烈的造艦競賽。

鑒於此，經美國發起，於 1921 年 11 月 12 日至 1922 年 2 月 6 日舉行了「華盛頓會議」。

帝國主義列強對霸權的爭奪，在打敗德國以後，對世界各國而言，主要是英美之爭；在遠東及太平洋區域，則是日美矛盾日益發展並趨於尖銳。自 1902 年簽訂的《英日同盟條約》，經 1911 年續約 10 年後，將再次面臨續約。

日本於 5 月派皇太子訪英，希望延長盟約。美國認為，英日同盟在第一次世界大戰以前主要是對付俄國和德國，在戰後將主要針對美國，有利於日本的擴張，因而極力阻撓英日續訂盟約。

帝國主義的新危機

美國參議員洛奇說：

> 英日同盟是在我們對遠東的關係中和在太平洋上的
> 一個最危險的因素，它正在鼓勵日本窮兵黷武和準備在
> 海上、陸上挑起新的衝突。
>
> 美國欲改變它在「巴黎和會」以後的不利處境，首
> 先要奪取遠東和太平洋區域的霸權，特別是對中國進行
> 擴張，其主要障礙來自日本。

第一次世界大戰結束後，日本在中國投資已接近英國，
並幾乎掌握中國對外貿易的一半，超過英美而居第一位。

《凡爾賽條約》確認日本獲得德國在中國的全部權益及赤
道以北太平洋島國殖民地，加強了日本在遠東的地位。美日
兩國爭相擴建海軍。

1921 年 7 月 10 日，美國向英、日、中、法、義等國建
議，在華盛頓召開國際會議，討論限制軍備及太平洋和遠東
問題。荷蘭、比利時、葡萄牙在遠東或太平洋擁有屬地，要
求參加會議。華盛頓會議共有上述 9 國代表及英國 4 個自治
領和印度代表與會。1921 年 12 月 13 日簽訂的《美、英、法
日關於太平洋區域島嶼屬地和領地的條約》，通稱《四國條
約》，有效期 10 年。條約規定：

> 互相尊重它們在太平洋區域內島嶼屬地和島嶼領地
> 的權利，締約國之間發生有關太平洋某一問題的爭端，
> 應召開締約國會議解決。締約國在太平洋區域的權利遭

受任何國家威脅時，應協商採取有效措施。

《四國條約》是以美國為主角的新集團取代英日同盟。儘管簽約同日，4 國發表共同聲明指出，不能認為締約表示美國同意委任統治條款，但是無異於承認了戰後瓜分太平洋區域殖民地和勢力範圍的既成事實，承認日本所攫取的權益，使美英日之間的衝突得到短暫的延緩。

1922 年 2 月 6 日簽訂的《美、英、法、義、日五國關於限制海軍軍備條約》，通稱《五國海軍條約》。這一條約使英國被迫承認英美兩國海軍實力相等的原則，意味著英國海軍優勢開始喪失。

條約對日本做了一定限制，但美國放棄在菲律賓、關島和阿留申群島建立海軍基地的權利，英國放棄在香港以及在東太平洋島嶼建立海軍基地的權利，作為對日本的補償，仍對日本有利。條約對主力艦和航空母艦以外的其他艦種和陸空軍軍備均無限制，因而並不能真正緩和列強的海上競爭與軍備競賽。

1922 年 2 月 6 日簽訂的《九國公約》，全稱《九國關於中國事件應適用各原則及政策之條約》，是華盛頓會議討論遠東及太平洋問題的主要文件。公約全文共 9 條，其中第一條是美方代表起草的《四點決議草案》，也是條約的核心。

它形式上宣稱「尊重中國的主權與獨立及領土與行政之完整」，但並沒有任何保證。

美國代表解釋時說，這只是適用於中國的 18 個省，而不包括「南滿」、內蒙古與西藏，仍然維護日本、英國對中國侵略擴張的特權。

《九國公約》的實質在於肯定美國提出的所謂「門戶開放、機會均等」原則，為美國排擠各國在華勢力，進行擴張和奪取霸權創造有利條件。

《九國公約》完全漠視中國的願望。中國代表向會議提出的有關中國問題的「十項原則」中，列舉了廢除過去中國給予各國在華的一切特權；撤銷各國對華各種政治上、司法上、行政上的限制；現有的對華條約應有期限規定；凡涉及讓予權的解釋應有利於讓與國等主張。

在隨後的討論中，又明確提出將以前德國在中國的一切權利歸還中國；日本放棄「二十一條」，取消外國在中國境內的一切特權，廢止外國在華租借地和「勢力範圍」，撤銷外國人的領事裁判權，撤退外國在華軍警，關稅自主等要求。

對於中國代表的提議，帝國主義列強均以種種藉口予以拒絕，僅就山東問題，由英美出面進行斡旋，促成中國與日本直接談判，英美代表以觀察員身分參加。

1922 年 2 月 4 日，中日代表簽訂《解決山東懸案條約及其附約》。

條約規定：

> 日本將德國舊租借地膠州灣交還中國，撤退日軍，中國將膠州灣德國舊租借地全部開為商埠；膠濟鐵路路權歸屬中國，中國償付日本 3,200 萬銀元鐵路產值，未償清前車務長與會計長職務仍由日本人擔任。

日本在山東仍然保存相當大的經濟、政治勢力。這一條約修改了《凡爾賽條約》關於山東問題的決議，為簽訂《九國公約》鋪平了道路。至此，帝國主義列強完成了第一次世界大戰的最終分贓。華盛頓會議實質上是巴黎和會的繼續，其直接目的是要解決《凡爾賽條約》未能解決的帝國主義列強海軍的力量對比，調整它們在遠東及太平洋區域特別是在中國的利害衝突，完善第一次世界大戰後的帝國主義和平體系。

可以說，在巴黎和會期間，英法攫取了戰勝國的最大利益，並控制了國際聯盟。在華盛頓會議期間，美國占了上風。巴黎和會與華盛頓會議之後，第一次世界大戰後帝國主義列強間的力量對比，構成了新的國際關係總體格局。

總體來說，華盛頓會議暫時在一定程度上緩和了帝國主義列強之間的關係，同時隱藏著新的衝突。

帝國主義的新危機

列強之間的利益紛爭

凡爾賽一華盛頓體系是按照戰勝國列強統治集團的意志強加於戰敗國及世界各國的。它建立在重重矛盾的基礎之上，因而是極不穩固的。

戰勝國與戰敗國之間，戰勝國相互之間，帝國主義列強與弱小國家和被壓迫民族之間，充滿著矛盾。

一些矛盾被強行抑制了，一些矛盾暫時取得某種妥協，另一些矛盾又產生或激化起來。明裡暗裡，到處存在著激烈的爭鬥，隨時可能爆發新的危機、出現新的事件，危及國際關係的穩定，破壞帝國主義列強的和平秩序。

1921 年 1 月，協約國英法義日比等國代表向德國提出賠償方案，在 42 年內償付總共為 2,260 億金馬克（折合 565 億美元）的固定賠償及每年交付年出口值 12％的不固定賠償，為德國政府所拒絕。

協約國軍於 3 月 8 日占領杜塞爾多夫等魯爾地區 3 個城鎮，實施制裁。

4 月 27 日，協約國賠償委員會規定賠償總額為 1,320 億金馬克（折合 330 億美元），分為每年支付 20 億金馬克的固定賠償和交付年出口值 26％的不固定賠償。

德國被迫接受，但在支付 1921 年賠款後表示財政困難，請求延期支付。

從 1922 年 3 月起，馬克匯率大幅度下降，至同年 8 月，與英鎊比價降至 1921 年 5 月的 5%。

英國建議將賠款總額降至 500 億金馬克，延緩 4 年償付。

法國、比利時反對削減賠款，只同意延緩償還期 2 年，在此期間德同應負擔占領軍費用。

戰後初期國際關係中發生的一連串事件，足以證明凡爾賽與華盛頓體系的脆弱性。

1919 年 9 月 12 日，義大利詩人鄧南遮率領一支由退伍軍人和民族主義狂熱分子組成的義勇軍占領阜姆城，宣布阜姆城併入義大利。這一事件從一個側面反映了帝國主義戰勝國之間的矛盾。

1919 年 4 月 23 日，義大利首相奧蘭多因在巴黎會議四巨頭會議上要求兌現倫敦密約給予義大利的領土許諾，要求將在亞得里亞海處於樞紐地位的阜姆城劃歸義大利，遭到美英法三國首腦拒絕而暫時退出巴黎會議，至臨近簽署對德和約時，才於 5 月 10 日重新與會。

義大利是戰勝國的五強之一，在戰爭中付出巨大代價，然而，戰後對其領土許諾大多並未兌現。

義大利朝野廣泛認為受了欺騙，曾發起反對《凡爾賽和約》的政治運動。鄧南遮占領阜姆城是將民族主義狂熱推向了極端。阜姆城問題至 1924 年才基本解決。

由此，義大利對美、英、法深懷不滿，其極端民族民主主義思潮的泛濫成為義大利法西斯主義得以迅速崛起的重要因素之一。

1922 年 4 月 10 日至 5 月 19 日，在義大利熱那亞舉行了有 34 個國家和地區代表參加的國際經濟會議。

這次會議名為討論復興歐洲經濟問題，實質上是帝國主義列強在對蘇俄進行武裝干涉失敗以後，轉向在外交、經濟上對蘇俄施加壓力，企圖盡可能多地迫使蘇俄做出讓步，以解決沙俄舊債問題，廢除國有化法令，簽訂奴役性條約，進而在蘇俄恢復舊制度。

會議起初出於蘇俄的建議。1921 年 10 月 28 日，蘇維埃政府致英、法、美、日、義等國照會中建議召開國際會議，研究有關建立歐洲和平與經濟合作問題。

照會表示，只要各國正式承認蘇維埃政府並向它提供貸款，蘇俄願意承擔沙皇政府所借外債。這表明蘇俄希望透過作出適當讓步，與西方締結全面的和平條約。

1922 年 1 月 6 日，英、法、義、比、日等國代表在法國坎城舉行協約國最高委員會會議，討論召開包括蘇俄在內的歐洲各國經濟會議。

由於英國首相勞合‧喬治與法國總理白里安事先經過磋商，坎城會議當即通過決議在熱那亞召開此會，並「要求各

國總理盡可能親自參加」。作為觀察員列席坎城會議的美國代表聲明：美國政府不與蘇維埃政府打交道，拒絕參加熱那亞會議。但它仍派觀察員出席。

熱那亞會議期間，協約國方面向蘇俄提交《復興歐洲和俄國經濟備忘錄》，要求蘇維埃政府償還沙皇和臨時政府以及地方當局總計 184.96 億金盧布的債務（其中戰前舊債 96.5 億盧布、戰債 88.46 億盧布），發還或賠償被收歸國有的外國人在俄財產，取消對外貿易壟斷制，允許外國人在蘇俄享有治外法權，由協約國監督蘇俄財政。

蘇俄堅決反對以該備忘錄作為協議的基礎，並向協約國提出反對要求，指出協約國對武裝干涉和內戰給蘇俄造成的損失負有不可推卸的責任，應賠償已經計算出來的損失 390.497 億盧布。結果雙方未能達成任何協議。

熱那亞會議是蘇維埃政府成立後第一次參加的國際會議，協約國以蘇俄為談判對象，意味著資本主義大國對新生的社會主義國家事實上的承認。

蘇俄不僅宣傳了它的外交政策，而且在會前與拉脫維亞、愛沙尼亞、波蘭達成在會上一致行動的協議，並與德國就建立兩國正常政治、經濟關係進行談判，在外交上取得了重大成果。

相反，協約國方面則公開暴露了內部矛盾。還在坎城會

議期間，列席會議的德國代表要求熱那亞會議討論減輕德國賠款問題。坎城會議後，法國總統和陸軍、財政等部部長對坎城決議大為不滿，反對邀請蘇俄和德國參加熱那亞會議，尤其反對討論德國賠款問題。

法國議會大多數議員對總理白里安猛烈攻擊，導致白里安辭職，代之以普恩加萊。

後者立即向英國發出照會，要求會期至少推遲 3 個月；如蘇俄不預先承認坎城會議提出的一切條件，法國將不派代表團參加會議。英法兩國首腦為此舉行會談，英方以放棄討論德國賠款和修改和約問題換得法方同意如期召開熱那亞會議。會議期間，在與蘇俄談判過程中，協約國曾起草一個答覆蘇俄的 5 月 2 日備忘錄。法國反對應英國要求，將那些頒布國有化法令前在俄國擁有產業的公司和個人宣布為有權取得賠償的「原業主」的內容寫進備忘錄，並拒絕簽字。

美國公開反對「原業主」問題的解釋，原來此時英美公司爭奪蘇俄油田租讓權的抗爭已趨於白熱化，英荷殼牌石油公司在俄國革命前已擁有在俄大油田，如作為「原業主」將在爭奪租讓權中占優先地位。

美國出席會議的觀察員奉命聲明：

> 絕不容忍同俄國締結任何損害門戶開放政策或我們所要求於俄國的財產權利的協定。

　　熱那亞會議結束以前，在國際關係中發生了另一個重大事件。1922 年 4 月 16 日，蘇俄和德國在熱那亞近郊的拉巴洛談判成功，簽訂《德國和俄羅斯蘇維埃聯邦社會主義共和國協定》，通稱《拉巴洛條約》。兩國決定在法律上相互承認，恢復外交關係，相互放棄賠償要求，根據最惠國待遇原則發展貿易，進行經濟合作。

　　蘇俄突破了帝國主義列強圖謀建立的反蘇統一戰線，提升了自己的國際地位。德國也擺脫了在戰後的孤立處境，開始掙脫《凡爾賽和約》的束縛，從東方尋找經濟出路。

　　蘇德兩國自此經歷了長達 10 年的合作時期，提供了不同社會制度國家實行和平共處的實例。《拉巴洛條約》給了協約國集團各國很大衝擊，它們除了發出照會抗議，實行無關緊要的報復之外，別無它法。

　　此後，在 1924 年至 1925 年間，英、義、法、中、日等國相繼在法律上承認蘇俄。這一事件表明，不同社會制度國家間的矛盾並不是完全不可調和的，而帝國主義國家之間矛盾的存在，則使它們往往從各自的利害考慮而分道揚鑣。

　　1923 年 1 月 11 日，法國夥同比利時以德國未能履行賠償義務為藉口，出兵魯爾，幾乎囊括德國工業心臟地區整個魯爾盆地。德法矛盾及英美與法國的矛盾迅速激化。

　　魯爾事件一時成為戰後初期歐洲國際矛盾的焦點。

帝國主義的新危機

1923 年 1 月 11 日，法國出動 3 個師，由比利時軍一支分遣隊隨同，以德國有意不履行木材、煤炭賠償交付，對其實行制裁為名，侵占魯爾。

法國、比利時軍隊占領魯爾，在德國引起極大憤慨。德國政府除提出嚴重抗議外，鼓勵並支持魯爾地區居民開展「積極抵抗」運動。

政府明令禁止向占領當局納稅，禁止與法國、比利時貿易。居民拒絕與占領者合作，拒絕服從占領當局的任何命令。反抗占領者的破壞行動層出不窮，一些場合甚至發展為流血衝突。

埃森的克魯伯工廠職工遭法軍槍擊，死傷 65 人。爭執焦點是煤炭交付和鐵路運輸。占領當局接管煤礦，從法國、比利時境內招募礦工，並動用萬餘人的工兵部隊直接經營鐵路，均收效不大。

1924 年 1 月，法軍又利用美國撤軍機會開進萊茵河左岸原美國占領區，擴大對萊茵河右岸橋頭堡的占領。

魯爾被占領使德國喪失鋼鐵產量的 80％，煤產量的 85％，鐵路運輸和礦山交通的 70％，對外貿易急劇減少，經濟陷於崩潰。在實行「消極抵抗」運動的一年間，近 15 萬德國居民被驅逐出魯爾。

為「消極抵抗」運動提供財政支持，使德國政府增加了

難以承受的負擔。馬克跌至無異於廢幣的地步。絕大多數德國人的生活遭到近似毀滅性的打擊。經濟政治危機日益深化，社會動盪。

德國政府被迫於 9 月間撤銷支持「消極抵抗」運動的一切條令。1924 年年初，魯爾和萊茵地區的「消極抵抗」運動全部結束。

對於法國來說，出兵魯爾實際上得不償失。它不僅在政治上陷入孤立，經濟上也沒有獲得預期的利益。它從魯爾掠奪所得，除去占領軍費用，純收益僅 5 億法郎。

占領魯爾導致德國停止支付賠償，而法國在賠償總額中的份額達一半以上，反過來又嚴重損害其財政信用。

1923 年間，法郎在國內外金融市場的價值下跌 25%。它要面對英美大量拋售法郎和有價證券的壓力，財政狀況急劇惡化。連最初支持法國占領魯爾的義大利也被英美拉攏，一同要求停止占領魯爾，重新審議德國賠償問題。

英美對法國占領魯爾極為不滿。

英國政府不僅關心從德國索取賠償，而且希望德國恢復經濟，以此推動有利於英國壟斷資產階級的歐洲經濟「復興」。它在政治上開始扶持德國，藉以制約法國，包圍蘇俄。

美國雖然在戰後實行「孤立主義」政策，仍以有利於自己的方式干預歐洲事務，特別是影響歐洲經濟。

美國認為魯爾事件造成德國經濟崩潰，嚴重阻礙歐洲經濟「復興」，對美國的經濟利益極為有害。

魯爾問題和德國賠償問題能否解決，還關係到美國能否收回歐洲協約國所欠 100 餘億美元的戰爭債務。

英美更擔心德國局勢繼續惡化，有使威瑪議會民主制被顛覆的危險，並使歐洲大陸現存社會政治結構和帝國主義國際體系遭到嚴重破壞。結束魯爾事件，成為美英在外交上最緊迫的事務。

1924 年 5 月，法國狂熱的霸權主義分子普恩加萊因在大選中失敗而下臺，這代表著法國對德國政策的破產。

8 月 16 日，有美國和德國代表參加的協約國倫敦會議，通過「道威斯計劃」。

它規定在提供外國貸款和改組德國財政的基礎上，按德國償付能力重新確定年度賠償額，恢復賠償交付，結束法國、比利時對魯爾的占領，立即恢復德國在魯爾的行政和經濟控制。

從 9 月 1 日起，開始實施「道威斯計劃」。11 月 18 日，最後一批占領軍撤出魯爾。

在 1929 年至 1931 年實施「道威斯計劃」期間，美國私人資本主要以短期貸款形式共向德國提供 22.5 億美元貸款，同期德國向各協約國償付 27.54 億美元賠償，美國則從各協

約國收回約 20 億美元戰債本息，德國經濟得以迅速恢復。

魯爾事件充分反映出列強構築的凡爾賽與華盛頓體系的脆弱性。

戰後初期，歐洲國際關係又經歷一次重要改組。法國開始喪失依賴英法合作而維持的優勢地位。

德國在英美扶持下渡過第一次世界大戰結束以來最嚴重的經濟、政治和外交危機，逐漸恢復經濟實力及其大國地位。

資本主義經濟政治發展不平衡的規律再一次顯現。戰爭結束以來，協約國列強對德國的凌辱和掠奪，特別是《凡爾賽和約》和魯爾事件給予德國經濟和政治上的嚴重打擊，在德國各階層民眾中激起強烈的復仇情緒，極端民族主義思潮泛濫。這正是希特勒和納粹黨在德國得勢的重要思想根源和社會基礎。

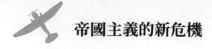 **帝國主義的新危機**

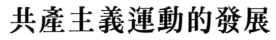

共產主義運動的發展

十月革命取得偉大勝利

　　沙俄以一個 1.8 億人口的國家投入第一次世界大戰。俄軍在大多數戰役中損兵折將，節節敗退，士兵苦不堪言，逐漸滋長厭戰情緒。不少士兵參加反戰運動，同情或傾向革命。

　　沙俄從參戰至 1917 年年初，財政入不敷出，靠濫發貨幣和大量舉債維持，引起嚴重通貨膨脹。除軍事工業外，民用工業和農業產量大幅度下降。廣大城市的民眾處於飢餓、半飢餓狀態。聖彼得堡隨時有斷糧危險。

　　帝國主義戰爭和嚴重經濟危機促進了人民的覺醒。1916 年，全俄罷工總人數超過 100 萬，許多人在「打倒戰爭」、「打倒專制制度」的口號下展開抗爭。不少農民起來抗租，奪回地主攫取的糧食和生產工具，攆走地主。

　　在嚴酷的民族壓迫和戰爭動員之下，中亞細亞被壓迫民族在 1916 年 7 月發動起義，從費爾干納的霍占城開始，發展到塔什干、哈薩克和吉爾吉斯等地，一直堅持到二月革命以後。

　　在一些地方，大批士兵開展反戰抗爭，出現整團甚至整師軍隊拒絕執行進攻命令的事件。布爾什維克黨在軍隊中的影響日益擴大。

　　不僅工農兵群眾迅速趨向革命化，俄國統治集團內部也頻頻發生統治危機。沙皇尼古拉二世及皇后寄託於迷信、寵

信騙子拉斯普廷，聽任他控制皇室大部分權力，並在 1916 年年初任命親德人物為大臣會議主席兼外交大臣，引起統治集團內部抗爭激化。

後來，沙皇被迫再次更換大臣會議主席，拉斯普廷也遭暗殺。資產階級頭面人物一度策劃挾持尼古拉二世，迫其退位，另立沙皇。這一宮廷政變圖謀雖未實現，但它充分表明沙俄專制統治已經窮途末路。

嚴重的經濟、政治和社會危機，導致了社會矛盾極度激化，革命風暴終於來臨。

1917 年 3 月 10 日，聖彼得堡 25 萬工人舉行反對飢餓、反對帝國主義戰爭、反對沙皇的政治總罷工。沙皇政府下令開槍鎮壓示威群眾，激起更加強烈的反抗。

11 日，布爾什維克黨維堡區委決定將罷工變為武裝起義。12 日起義席捲全城，士兵成批轉到革命陣營中來，沙皇王朝大臣和將軍紛紛被起義者逮補，3 月 15 日，尼古拉二世被迫退位。統治沙俄 300 餘年的羅曼諾夫王朝就此覆滅。因此次革命發生在俄曆二月，通稱「二月革命」。

「二月革命」是一次資產階級民主革命。革命期間，聖彼得堡建立了新的政權機構工農兵代表蘇維埃，但資產階級在孟什維克和社會革命黨的支持下成立俄國臨時政府，形成兩個政權並存的局面。

 **共產主義運動的發展**

臨時政府對內鎮壓革命力量，對外繼續進行帝國主義戰爭，是一個反人民、反革命的政權。無產階級與資產階級的矛盾發展成為俄國社會的主要矛盾，從民主革命向社會主義革命轉變已是抗爭發展的必然趨勢。

在列寧領導的布爾什維克運動蓬勃發展之際，沙皇並未認識到沙皇統治時代已行將就木，仍不顧人民的強烈反對，把大批的俄國人送上戰場。

1917 年 7 月 1 日，20 萬俄軍向被德軍占領的倫貝格攻去。先頭部隊是最精銳的哥薩克騎兵旅。俄軍旗開得勝，很快就俘獲德國人 1.7 萬名，以後幾天又俘獲了 1,000 多人。

可是，德、奧軍隊迅速得到後備軍的支援，從 7 月 7 日起，使用大量野戰炮，在廣闊的戰線上進行反攻。結果俄軍全線潰退，進攻完全失敗。短短 10 天之內，死傷 6 萬人以上。

這是俄軍在第一世界大戰中對德軍發動的最後一次大規模進攻。

極力主張發動這次進攻的，是臨時政府的陸海軍部部長克倫斯基，他是布爾什維克的死敵。他打的如意算盤是：如果進攻勝利，他的威望將大大提高；如果進攻失敗，可以把帳算在布爾什維克身上，說他們煽動士兵反對戰爭，以致造成戰事失利。

　　現在，進攻失敗了。於是克倫斯基玩了一個新花招：藉口要補充前線兵力，下令把首都一些他認為不可靠的駐軍調到前線去。

　　這一來，首都的士兵們再也忍受不了了。

　　7 月 16 日下午，兩個士兵突然闖進布爾什維克聖彼得堡市委開會的地方，向主席團發表聲明說：

　　　我們是首都第一機槍團的代表。我們團決定今晚發動起義，推翻臨時政府，並且已派出代表到各工廠、團部聯絡。希望黨中央和市委立即組織隊伍，領導武裝起義！

　　接待這兩個代表的是史達林。他是當時的黨中央委員，負責指導聖彼得堡市委工作，併負責黨中央機關報《真理報》的工作。他清醒地意識到，軍隊和外省都還沒有做好支援首都起義的準備，猝然發動，肯定會遭到臨時政府的血腥鎮壓。

　　因此向這兩名代表作瞭解釋，並希望他們團裡的黨員根據黨中央的決定辦事，不要貿然發動起義。

　　不料這兩位代表全然不聽史達林的勸告，氣憤地說：「打倒臨時政府是全團的決議，我們絕不違反它！」說罷氣呼呼地離開了會場。

　　史達林知道形勢非常嚴重。正巧這時列寧又因病暫離首都，不能立即得到他的指示。因此，他派人將情況緊急通知

黨中央委員斯維爾德洛夫，同時又派人向列寧報告。

　　經過多方面的說服解釋，準備發動起義的士兵們總算接受了黨中央的指示：第二天舉行一次大規模的和平示威遊行。第二天上午，列寧抱病返回首都。他表示完全同意黨中央的決定，把武裝發動改成和平示威遊行。

　　次日清晨起，成千上萬的工人和士兵列隊走上街頭。他們高舉著「要和平！要面包！要自由！」的標語和旗幟，有秩序地開始行進。參加示威遊行的有近 50 萬人。

　　臨時政府悍然出動軍隊鎮壓示威群眾，搜捕和殺害革命黨人，在全俄實行白色恐怖。

　　下午 14 時，遊行隊伍經過一個熱鬧的十字路口的時候，突然響起了清脆的槍聲。先是一響，緊接著是「噼噼啪啪」的射擊聲。霎時間，一大批人倒在地上，秩序井然的隊伍馬上混亂起來。

　　隨著人們的慘叫聲，端著槍的步兵和舉著馬刀的騎兵，惡狠狠地向手無寸鐵的群眾衝來。頃刻之間，大街上淌著工人和士兵的鮮血。同一時刻，有準備的政府軍隊在各處出現，對遊行隊伍進行血腥的殘殺。原來，克倫斯基早就從前線調回了好幾個忠於政府的團隊，加上首都軍事學校學生 —— 士官生的配合，有計劃、有準備地製造了這一流血事件。

　　為了避免進一步流血犧牲，保存革命力量，黨中央在事件發生的當天晚上，就號召遊行群眾和平地返回工廠和營房。可是，克倫斯基並不就此罷休。他企圖借此機會，一舉消滅布爾什維克。

　　布爾什維克黨的處境非常危險，只能轉入地下活動。

　　果然，臨時政府公開地鎮壓革命力量了。布爾什維克黨的機關報被搗毀和封閉，工人赤衛隊的武裝開始被解除，有革命情緒的士兵被迫害，許多團和師被解散。

　　臨時政府最害怕因而最憎恨的是列寧。因為他們知道，布爾什維克黨的「完全不信任新政府」、「特別要懷疑克倫斯基」、「把無產階級武裝起來」等都是列寧提出來的。因此，要搞垮布爾什維克黨，首先要把列寧抓起來。

　　但這又必須尋找一個藉口。於是他們造謠說，列寧是個「德國間諜」，拿了德國人許多錢，到聖彼得堡來組織武裝叛亂。一下子，報紙上刊登的全是這類文章。

　　有了這個藉口，臨時政府在 7 月 20 日正式發出了逮捕列寧的命令。這天夜裡，一輛滿載政府士兵的大卡車，急駛到列寧住所門前。衝進門後，軍官揮舞著手槍逼問列寧夫人：「列寧在不在家？我們奉令進行搜查！」列寧夫人冷冷地回答說：「他不在家。」原來，在臨時政府發出逮捕令以前，列寧就祕密轉移了住所。軍官一聲令下，士兵們立即打開櫥

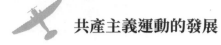

櫃、拉出抽屜、抬起沙發，亂紛紛地搜查起來。可是什麼東西也沒搜到。軍官怒氣衝衝地從一沓信裡抽出一封看了起來。這封信是從遠方一個農村裡寄來的，上面寫著：

> 列寧同志，只有你才能挽救俄國，我們一定跟著您走……

軍官失望地扔下信件，再次逼問列寧夫人，結果當然還是一無所獲。他惱羞成怒，命令士兵把列寧夫人帶走。他們雖然沒能抓到列寧，但估計到列寧不可能這麼快就離開首都，一定隱藏在市內哪座房屋裡。因此當天深夜下了一道命令：

> 首都所有的房屋看守人，明天一清早都要站在大門口檢查出門的人。凡不是認識的，一律不讓外出，馬上報告政府，當局要派人前來辨認。

他們以為這樣一來，肯定能抓到列寧。列寧果真還沒有離開首都。這天晚上，他住在城內一個工人家裡。第二天一早，他從窗口裡看到，兩個守門人緊張地站在大門口，馬上明白了這是怎麼回事。於是他拿著一把傘，不慌不忙地出門，一直向守門人走去。守門人見屋裡走出一個陌生人，想喊住他問問話。可是，列寧走得那麼鎮定、自然，連守門人也不相信他是個被通緝的人。兩個守門人對列寧看了又看，越看越肯定他不像是政府要捉拿的人。他們互相使了一個眼

色，讓列寧從身邊走了過去。列寧接連轉移了幾個住所。過了幾天，他平安地離開了首都。1917 年 7 月 27 日，克倫斯基爬上了臨時政府總理寶座，並兼任陸海軍部部長。從此，白色恐怖籠罩全國各地。這些發生在 7 月裡的重大事件，在俄國歷史上稱為「七月事變」。「七月事變」，代表著俄國革命已經不可能再走和平發展的道路了。

　　以克倫斯基為代表的資產階級臨時政府對外繼續進行帝國主義戰爭，維護英美法帝國主義的利益；對內則竭力維護統治機器，壓制人民群眾，企圖解散工人武裝，進而消滅蘇維埃。他們四處調集軍隊，抽出閃亮的屠刀，準備屠殺人民群眾。

　　布爾什維克黨著手組織推翻臨時政府的武裝起義。

　　9 月 7 日，聖彼得堡工人和士兵迅速平定由臨時政府策劃、得到帝國主義列強支持的俄軍總司令科爾尼洛夫叛亂。革命與反革命的力量對比發生了重大變化。

　　在這種嚴峻的形勢下，被迫流亡在芬蘭的列寧，不顧個人的安危，毅然祕密回到聖彼得堡。

　　10 月 20 日夜裡，一位個頭不高、工人打扮的人匆匆來到斯莫爾尼宮，已經等候在那裡的布爾什維克黨中央委員會成員激動地站了起來。這位工人打扮的人摘去了假髮，微笑著和大家握手。

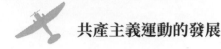

共產主義運動的發展

一位老布爾什維克流著激動的熱淚，充滿感情地叫道：
「列寧同志，你身體好吧？」

「好！好！同志們也好！」列寧也異常激動地問候大家。
隨後，緊急會議便在這種熱烈氣氛中召開了。

列寧嚴肅地講道：

> 目前形勢極為嚴峻，我們必須及時地進行一次新的
> 革命，把國家權力從臨時政府手中奪過來，全部權力應
> 歸工人代表蘇維埃。

接著，大家進行了熱烈的討論，一致同意列寧關於準備
舉行新的武裝起義的提議。

不料，就在他們祕密召開會議的時候，有個奸細混進了
斯莫爾尼宮，殺害了放哨的蘇維埃戰士，並且偷聽了他們討
論的內容。資產階級臨時政府立刻警覺起來，加緊調集軍
隊，並下令逮捕列寧。在這種情況下，布爾什維克黨中央委
員會按照列寧的指示，準備提前舉行武裝起義。為了把列寧
的講話內容傳達給聖彼得堡的布爾什維克黨人，以便號召大
家行動起來，黨中央將決定在 11 月 6 日的《工人之路報》上
刊登出來。但臨時政府軍隊早有察覺，這天清晨，一夥臨時
政府軍隊突然闖進《工人之路報》編輯部，當即查封了這份
報紙。

這個消息傳開之後，赤衛隊員和革命士兵們迅速集結，

並把臨時政府的軍隊轟了出去。工人們加班趕工，很快便把《工人之路報》印了出來，並散發出去。

於是，聖彼得堡到處傳揚著列寧的講話，大家高聲讀著：「政權應該交給工人代表蘇維埃！」人們奔走相告，幾個小時以後，20 多萬人組成的革命隊伍集合起來，在布爾什維克黨的領導下，迅即進入戰鬥狀態。

在列寧的親自指揮下，一隊隊戰士出發了，很快便占領了火車站、郵電局、電話局和銀行等重要設施和部門。他們所到之處，受到群眾支援，很多臨時政府軍隊官兵也轉到人民這邊，臨時政府完全孤立了。

第二天，也就是 11 月 7 日，除了臨時政府所在地冬宮和少數幾個據點以外，聖彼得堡實際上都掌握在革命軍隊的手裡。列寧當即作出決定：占領冬宮！於是，革命軍隊從四面八方團團包圍了冬宮。冬宮是座堡壘式建築，要攻占它相當困難。它西北面緊靠涅瓦河，東南方是一條水渠，正前方則是一個開闊的廣場。從 11 月 7 日清晨起，臨時政府就命令士官生用成堆成堆的木頭，排成深厚的街壘，堵住了冬宮的全部出入口。

在街壘裡面，架設有機槍和各種小型火炮，守衛在這裡的 2,000 多名士官生，晝夜注視著冬宮四周。

克倫斯基一面給部下打氣，鼓動他們堅決抵抗，而自己則藉口迎接援軍，乘上美國大使館的汽車，逃之夭夭了。

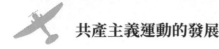

　　起義部隊領導人安東諾夫，按照列寧的指示，派人給臨時政府發出最後通牒。可是臨時政府認為冬宮牢不可摧，而且有克倫斯基請求的援軍將到，因而毫不遲疑地拒絕了起義部隊的要求，欲做頑抗。

　　列寧當即向安東諾夫下達命令：必須在當天夜裡占領冬宮，逮捕臨時政府的全部成員！這天，夜幕剛剛降臨，一艘小船划向停泊在涅瓦河裡的「曙光號」巡洋艦，一個年輕的小夥子從小船上跳到艦上。一個放哨的士兵走上前來，屬聲喝道：「幹什麼的？」「我馬上要見別雷舍夫！」年輕小夥子氣喘吁吁地說道。那哨兵又端詳了一下對方，才勉強說道：「請跟我來！」於是，兩人一起走進艙內。一個中年漢子正對圍在自己身邊的幾個人說著什麼，見進來兩個人，便急忙問道：「有什麼事嗎？」年輕小夥子急忙上前，迫不及待地問道：「您就是別雷舍夫同志嗎？」「是的，我就是！」「這是革命軍事委員會給您的命令。」說完，從懷中掏出一封信來。別雷舍夫接過一看，轉身對大家說道：「同志們，軍事委員會命令我們，今晚21時40分向冬宮開炮！」眾人一聽，興奮地輕輕叫了出來。別雷舍夫急忙讓大家靜下來，認真地向各位交代了一番。然後，對那位年輕的小夥子說：「請你轉告軍事委員會，21時40分，我們準時開炮！」那個年輕小夥子滿意地點了點頭，告別了眾人，走出船艙，上了小船，

又慢慢地向岸上划去。別雷舍夫是巡洋艦上的政治委員，今晚的戰鬥由他指揮。他每隔三五分鐘就看一次手錶，按捺不住心中的興奮之情，炯炯的雙眼直視前方。

21 時 40 分，別雷舍夫果斷地發出命令：「艦首炮，準備──」炮手們「喀嚓」一聲把砲彈推上膛。接著，他毫不遲疑地將高舉的右臂向下一劈，喊道：「放！」

「轟！」的一聲巨響，砲彈帶著硝煙從炮口直衝冬宮。緊接著，其他大砲也一齊轟鳴，顆顆砲彈向冬宮射去。

巨大的宮殿顫動起來，頃刻之間，宮內便是一片火海。隨著「曙光號」巡洋艦的炮聲響起，起義部隊在安東諾夫親自率領下，衝向冬宮，與街壘的士官生展開激烈的槍戰。

革命戰士前赴後繼，英勇無畏，不顧瘋狂的掃射，勇敢向前衝去。街壘的士官生哪見過這種氣概，嚇得紛紛逃跑，有的乾脆扔下槍支，舉手投降。

革命戰士邊喊邊跑邊射擊，很快穿過空地，奔上宮門前的階梯。但是，巨大的金屬製宮門攔住了他們的去路，很多戰士從未見過這樣威嚴堅固的門檻，一時不知所措。

這時，一名指揮官命令戰士爬過去打開大門。於是，幾十名戰士同時攀著銅桿爬了上去。一會兒，沉重的大門緩緩打開，上千名戰士吶喊著湧了進去。這吶喊聲，代表著他們幾代人的怨憤，帶著無數個被沙皇殘害過的人的仇怨，因

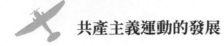

而，特別響亮，可以說是驚天動地。

幾千人湧進冬宮，便四處搜索。但冬宮很大，建築物又多，戰士們東找西尋，並未發現臨時政府的要員，還不時被隱藏在陰暗的樓梯和欄杆後面的士官生射中。

安東諾夫見狀，急忙找到一些傾向革命的冬宮僕役，讓他們帶路，有組織地襲擊敵人。這樣，士官生失去地理優勢，很快紛紛被戰士們擊斃。

經過一段激戰，守軍基本上被消滅，可臨時政府的要員還未抓到，戰士們把一樓和二樓翻了個底朝天，仍一無所獲。

安東諾夫身先士卒，帶著一支隊伍，直向三樓衝擊。

他們沖到一個大房間，看到幾個人影在東躲西藏，安東諾夫舉槍喝道：「繳槍不殺！」這群衣著講究、臉色蒼白的傢伙，顫抖著舉起了雙手。他們正是臨時政府的副總理和諸位部長們。「我們以革命軍事委員會的名義宣布：你們被逮捕了！」安東諾夫嚴厲地說道。這些平時專橫跋扈、不可一世的達官貴人終於低下他們高傲的頭。攻占冬宮的消息馬上傳開了。已經兩夜沒闔眼的列寧顧不得休息，馬上起草了《和平法令》和《土地法令》，並在第二天召開的蘇埃維代表大會第二次會議上通過。在這次大會上，成立了蘇維埃政府，列寧當選為第一屆蘇維埃人民委員會主席。

隨即，莫斯科起義在幾經曲折後於 11 月 15 日取得勝利。俄羅斯出現了列寧所說的蘇維埃政權凱歌行進時期。它的工業發達地區莫斯科周圍中部各省，至 1917 年 12 月初已幾乎全部建立蘇維埃政權。

1918 年 4 月，90％以上的市有了蘇維埃政權。西伯利亞和遠東在 1917 年年底以前，大部分少數民族地區都相繼建立蘇維埃政權。

俄國十月社會主義革命的勝利，在資本主義世界體系中打開一個缺口，促進了各國無產階級革命和民族運動的高漲，加劇了國際抗爭的尖銳性和複雜性，這是帝國主義全面崩潰的主要代表之一。

蘇俄粉碎外國武裝干涉

十月革命以在全俄建立蘇維埃政權而贏得完全勝利，但保衛革命勝利果實、鞏固蘇維埃政權，還經歷了 3 年嚴酷的國內戰爭和反對帝國主義列強武裝干涉的抗爭。

蘇維埃國家建立後的首要任務，就是退出帝國主義戰爭，實現和平。1917 年 11 月 8 日，在第二次全俄工兵代表蘇維埃代表大會會議上通過了《和平法令》，宣布蘇維埃政權「向一切交戰國的人民及其政府建議，立即就締結公正的民主的和約開始談判」。

協約國拒絕蘇維埃政府的和談建議；同盟國為改善兩線作戰的不利處境，同意進行和約談判。

從1917年11月20日蘇俄與德奧代表開始進行停戰談判，至1918年3月《布列斯特－立托夫斯克和約》簽字，期間經過布爾什維克黨內克服尖銳分歧，德方提出苛刻條件及發動全線進攻，蘇維埃政權終於以沉重代價換得短暫的「喘息」時機，與同盟國集團各國媾和，退出世界大戰。

德國爆發十一月革命後，蘇俄於當年11月13日宣布廢止屈辱性的《布列斯特和約》。

帝國主義蓄意要將新生的蘇維埃政權扼殺在搖籃裡。協約國列強策動和支持俄國白衛勢力舉行反革命叛亂，並直接出兵武裝干涉，指望顛覆和剷除蘇維埃政權。

1918年3月，英法美等國派出軍艦和軍隊，入侵蘇俄北部的摩爾曼斯克。4月，日本海軍陸戰隊及隨後美英軍隊在遠東的符拉迪沃斯托克（即海參崴）登陸。

5月，列強策動由戰俘組成的捷克斯洛伐克軍團舉行叛亂，占領西伯利亞、烏拉爾和伏爾加河流域的廣大地區。

蘇俄國內的反革命力量，在帝國主義列強的支持下，先後形成3支最危險的白軍勢力。

在東部和中部，有沙俄海軍上將、前黑海艦隊司令高爾察克在鄂木斯克建立的偽軍事獨裁政權。其反革命武裝得到

捷克軍團的配合，盤踞在西伯利亞、烏拉爾和伏爾加河流域一帶，在 1919 年年底始被紅軍消滅。

在南俄和烏克蘭，有沙俄將軍、哥薩克騎兵軍軍長克拉斯諾夫的哥薩克白軍和沙俄將軍、二月革命後任最高統帥參謀長、方面軍司令的鄧尼金所統率的「南俄武裝力量」。

克拉斯諾夫 1918 年曾兩次進攻察里津，失敗後逃往德國。鄧尼金白軍在 1919 年占領整個烏克蘭，從南面向莫斯科進攻，同年 10 月被紅軍徹底擊潰。

在西北部有沙俄步兵上將、高加索集團軍司令尤登尼奇率領的白軍。他就任高爾察克的西北軍司令，部隊在 1919 年兩次進攻聖彼得堡，於同年年底被紅軍徹底消滅。

外國武裝干涉的高峰則在 1919 年春夏，由協約國組織的 14 國部隊聯合進攻，其兵力多達 130 萬人，其中有英、法、美、日軍約 31 萬人，白衛部隊 37 萬人。

在高爾察克和鄧尼金所部兩次進攻失敗以後，協約國又策動波蘭軍隊於 1920 年 4 月對蘇俄發動戰爭，5 月初占領基輔。

雙方互易攻守後在同年 10 月停戰，1921 年 3 月簽訂確定兩國邊界的《里加條約》。

蘇維埃國家經受了嚴峻的考驗。在極端困難的條件下，英勇的紅軍經過 3 年艱苦奮戰，終於粉碎了侵略軍和白軍的多次進攻，保衛了蘇維埃國家。

1920 年 11 月，紅軍攻入克里米亞半島，殲滅白軍南俄總司令弗蘭克爾所部，國內戰爭基本結束。

1922 年 10 月 25 日，最後一批日本軍隊被逐出符拉迪沃斯托克（即海參崴），遠東濱海地區全部解放，最終結束了這場戰爭。

在列寧指導下，蘇俄自 1921 年 3 月起實施新經濟政策。經過幾年努力，在克服種種困難和危機之後，蘇維埃國家穩定了局勢，加強了工農聯盟，工農業生產在 1925 年年底基本上恢復到第一次世界大戰前的水準。

俄羅斯是擁有 100 多個大小民族的多民族國家。沙皇俄國的對外擴張，建立了一個地跨歐亞兩洲的龐大殖民帝國。

19 世紀末，它的主體民族俄羅斯族，占全國人口的 44.3%；非俄羅斯族人口占 55.7%，均處於被奴役的境地。

蘇維埃政府在 1917 年 11 月 15 日發布《俄國各族人民權利宣言》，承認各族人民平等和自主權。

國內戰爭時期，俄羅斯與新建立的烏克蘭、白俄羅斯等蘇維埃共和國結成軍事聯盟和經濟聯盟。

內戰結束後，各蘇維埃共和國簽訂了軍事經濟聯盟條約。1922 年 3 月，亞美尼亞、喬治亞和亞塞拜然三國建立外高加索蘇維埃社會主義共和國聯盟。

同年 12 月 30 日，蘇維埃社會主義共和國聯盟宣告成立，

俄羅斯、烏克蘭、白俄羅斯和外高加索聯盟成為它的首批加盟共和國。

1924 年 1 月，蘇聯蘇維埃第二次代表大會批准蘇聯第一部憲法，完成建立蘇維埃聯盟國家的立法手續。

這部憲法的制定和通過，意味著十月革命勝利以來，蘇維埃國家恢復了國民經濟，醫治了戰爭創傷，鞏固了革命成果，進入穩定發展時期，對世界局勢和國際關係發揮著重大影響。

歐洲國家的革命浪潮

十月革命的勝利，促進了歐洲國家工人運動、無產階級革命運動以及民族民主革命運動的高漲。1918 年至 1923 年間，歐洲一些國家和地區掀起了革命浪潮，震撼著各國資產階級的統治。

俄國十月革命後，最早發生革命的是芬蘭。它在 1917 年 11 月 13 日爆發同盟大罷工，迅即在受布爾什維克影響的俄國軍隊幫助下發展為武裝起義。

芬蘭資產階級組成政府，於 12 月 6 日經由議會宣布獨立。蘇俄在 12 月 18 日承認芬蘭獨立。

1918 年 1 月，芬蘭資產階級政府企圖解除工人赤衛隊武裝。工人赤衛隊在原駐芬俄軍士兵支持下，於 1 月 28 日推翻資產階級政府，解散議會，成立革命政權人民委員會，宣告

芬蘭社會主義工人共和國誕生。

　　資產階級政府部分成員逃亡西北部另立政府，與德國祕密簽訂軍事協定，制訂聯合作戰計劃。4月3日，德國侵略軍2.5萬人在漢科登陸，10日攻占首都赫爾辛基。5月15日，芬蘭革命被扼殺。

　　波羅的海東岸三國在十月革命影響下，先後建立蘇維埃政權。拉脫維亞在1917年12月中旬舉行工兵農蘇維埃代表會議，建立蘇維埃政府。次年12月17日，宣告成立拉脫維亞蘇維埃社會主義共和國。

　　同年11月29日，在納爾瓦成立愛沙尼亞勞動公社，即愛沙尼亞蘇維埃社會主義共和國；12月16日，成立立陶宛蘇維埃社會主義共和國。

　　蘇俄在當年12月25日承認三國獨立。1919年，三國蘇維埃政權相繼被傾覆，分別建立資產階級國家。

　　哈普斯堡帝國1918年11月滅亡後分裂成4個新的國家：奧地利、匈牙利、捷克斯洛伐克和斯洛維尼亞-塞爾維亞-克羅埃西亞王國。它們的邊界是按種族關係劃定的。雖經哈普斯堡帝國數世紀的統治，這種關係仍然保留著。

　　哈普斯堡王朝起源於10世紀，歷盡滄桑。瑪麗亞·特雷西亞女王於1740年至1780年在位，雖以鐵腕統治國家，還是喪失了西里西亞，並因此與歐洲大多數國家屢屢征戰，企

圖收復失地。

1867 年，哈普斯堡國土分成以維也納為首都的奧地利帝國和以布達佩斯為首都的匈牙利王國。日耳曼人在奧地利占大多數，馬扎爾人在匈牙利占大多數。豪華的哈普斯堡生活與農民的貧苦生活形成鮮明對比。1914 年，加弗里洛·普林西普暗殺弗朗茨·斐迪南大公時，塞爾維亞把這一行動看成是對冷漠的統治階級的打擊。最後一個哈普斯堡皇帝查理一世，戰爭期間把奧匈帝國變成了事實上的軍事聯邦。再加上極度通貨膨脹和世代相傳的種族不滿，完全可能引起一場流血變革。然而各民族主義團體多年來經常在國外會晤，以求用和平方式解決問題。1918 年 11 月初，社會黨和泛日耳曼黨請願要求查理一世放棄王位。11 月 11 日，查理退位，兩天後又退出匈牙利王位。於是各民族立即開始建立政府。奧匈帝國軍隊在義大利戰場全線潰敗，激發了奧匈所屬各國的民族民主革命運動。1918 年 10 月 28 日，布達佩斯由群眾示威遊行發展為武裝起義。31 日，組成以卡羅利伯爵為首的資產階級聯合政府。11 月 16 日，成立匈牙利共和國。卡羅利政府無力緩解經濟、政治和社會危機，鎮壓匈牙利共產黨，於 1919 年 2 月 20 日逮捕了以庫恩·貝拉為首的匈共中央委員 57 人和匈共積極分子 150 餘人。

1919 年 3 月 19 日，協約國駐匈軍事代表以劃定新的軍事

分界段為由，發出最後通牒，限令匈方於 21 日晚答覆，並從
23 日開始撤軍。

為此，匈牙利將喪失 1,000 多萬居民，約 2 萬平方公里
土地。卡羅利政府束手無策。社會民主黨與匈共代表在獄中
談判，於 3 月 21 日達成協議，決定兩黨合併，暫名為「匈牙
利社會主義黨」，立即奪取政權。

擁有 2 萬名衛戍部隊和 3.4 萬名其他武裝人員的布達佩
斯士兵蘇維埃通過決議，主張實行無產階級專政。當天卡羅
利政府被迫辭職，革命政府宣告匈牙利蘇維埃共和國誕生。
匈共領導人庫恩·貝拉在革命政府中擔任外交人民委員，實
際上起著主導作用。

參加「巴黎和會」的協約國列強知道這一消息後，立即
在 3 月 26 日召開緊急會議，策劃扼殺在歐洲心臟地區出現的
蘇維埃政權。

自 4 月 16 日起，羅馬尼亞、捷克斯洛伐克和法國的侵略
軍先後從東、南、北等方向對匈牙利發動大規模進攻，總兵
力超過 20 萬人。

匈牙利紅軍堅決予以反擊，5 月下旬在北線轉入進攻，
突破羅、捷聯軍的防線，至 6 月中旬解放斯洛伐克地區。6
月 16 日，宣告成立斯洛伐克蘇維埃社會主義共和國，加入匈
牙利社會主義聯邦共和國。

匈牙利紅軍撤離該地區後，斯洛伐克蘇維埃共和國被捷克斯洛伐克資產階級政府所撲滅，共存在 21 天。

由於輕信協約國關於羅馬尼亞撤軍和實行南線停火的許諾，匈牙利紅軍自 6 月 30 日從北方單方面撤軍；加上新任總參謀長將作戰計劃洩露給協約國而在作戰中陷入困境。原社會民主黨的右派領導人，自 7 月下旬與協約國進行祕密談判。

8 月 1 日，匈牙利蘇維埃政府被迫辭職。匈牙利蘇維埃共和國堅持奮鬥 133 天終被顛覆。

1918 年秋，德國敗局已定。德國海軍司令部於 10 月 28 日命令遠洋艦隊出海作戰，不獲勝利就「光榮沉沒」。基爾水兵拒絕執行，並於 11 月 3 日自發舉行起義，揭開德國「十一月革命」的序幕。革命火焰迅即蔓延全德國。

11 月 6 日，漢堡政權落入工兵蘇維埃之手。巴伐利亞、薩克森等邦君主相繼被趕下臺，巴伐利亞宣布建立民主社會共和國。

柏林工人於 11 月 9 日舉行武裝起義。政府調來鎮壓的軍隊倒戈起義工人，起義僅發生小的衝突。

但政治抗爭從一開始就異常激烈。帝國首相巴登親王宣告帝國皇帝兼普魯士國王遜位，將宰相職務移交給社會民主黨右派領袖艾伯特。艾伯特發布「首相」文告，要公民們「離開街道，保持鎮靜，維護秩序」。

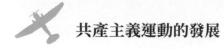

另一社會民主黨右派領袖謝德曼不顧艾伯特中止革命的意圖，搶先於下午 14 時向遊行群眾高呼「德意志共和國萬歲」。16 時，斯巴達克派領袖李卜克內西在皇宮陽臺宣布德國為「自由的社會主義共和國」。

11 月 10 日，社會民主黨與獨立社會民主黨聯合組織第一屆臨時革命政府，取名人民委員會。它的施政綱領標榜「社會主義」，但不超出資產階級民主的範圍。李卜克內西拒絕參加政府。相反，興登堡及軍隊當天就向它表示效忠。艾伯特與軍方在 11 日達成祕密協議，結束「無政府狀態」，鎮壓布爾什維克主義。

為適應革命形勢的需要，原為獨立社會民主黨成員的斯巴達克派，在 11 月 11 日組成斯巴達克同盟。

12 月 30 日，舉行德國共產黨成立大會，推舉李卜克內西和盧森堡為黨的主席。社會民主黨右派領導人憑藉其掌握的人民委員會和工會組織，操縱局勢，逐步控制了柏林和全德工兵蘇維埃。他們精心策劃，在 12 月間兩次挑起與左派的流血衝突。

1919 年 1 月 5 日，無產階級革命派開始了柏林的「一月戰鬥」。6 日，舉行總罷工和武裝起義，公告推翻艾伯特政府，但起義沒有獲得廣泛的響應。

政府在 10 日進行武力鎮壓，屠殺起義者。13 日起義失

敗。15 日李卜克內西和盧森堡被殺害。

同年春季，德國各地出現「第二次革命」浪潮。魯爾礦工 35 萬人總罷工，持續近 4 周；薩克森工人在 3 月 2 日宣布進行「第二次革命」，掌握政府的權力；不倫瑞克等地成立工農蘇維埃共和國。

柏林在 3 月 3 日發動「三月起義」，一連四五天都處於嚴重動亂和巷戰之中。政府於 9 日出兵鎮壓，至 16 日起義再次被淹沒在血泊之中。

在巴伐利亞，4 月 13 日晚間成立以共產黨人為首的巴伐利亞工兵蘇維埃共和國。柏林政府出動軍隊會合當地軍隊與巴伐利亞紅軍展開激戰。

5 月 1 日，政府軍開進慕尼黑，5 日市內戰鬥結束。巴伐利亞工農蘇維埃共和國被扼殺，代表著 1918 年至 1919 年德國革命的終結。

「十一月革命」推翻了君主專制，建立了議會制共和國，作為一次資產階級民主革命取得了基本勝利。作為無產階級為實現社會主義革命而進行的奮鬥，由於無產階級隊伍的嚴重分裂，以社會民主黨派右派領導人為代表的多數對資產階級實行妥協，因而遭到了失敗。

戰後初期的德國革命運動，在 1923 年還有一陣餘波。魯爾危機期間，國內各種矛盾再度激化，引起人民強烈不滿，

又一次出現革命形勢。在共產黨人帶動下，德國許多城市建立「無產階級百人團」的武裝組織。

五一節柏林 70 萬人大遊行，魯爾 40 萬人參加「五月大罷工」。古諾政府在占領軍同意下將大批國防軍和警察部隊開入魯爾，進行血腥鎮壓。

德國各地紛紛舉行抗議活動，8 月 11 日有 300 萬職工參加全國總罷工，迫使古諾政府在 12 日下臺。

10 月 10 日和 16 日，左翼社會民主黨人領導的薩克森邦和圖林根邦政府接受共產黨人入閣，組成兩個邦的工人政府。儘管他們一再表明忠於威瑪憲法，艾伯特仍然宣布全國處於「非常狀態」，授權國防軍採取軍事行動。

10 月 30 日，薩克森邦工人政府被強行解散。幾天後圖林根邦工人政府也告夭折。

10 月 23 日，漢堡工人在以臺爾曼為首的德共漢堡黨組織領導下，舉行武裝起義。在起義中心據點巴爾姆克區，300 名起義戰鬥隊員英勇苦戰兩天才做轉移。漢堡工人起義戰鬥了 3 天，終因孤立無援而失敗。

在義大利，無產階級在 1919 到 1920 年共舉行多次罷工。罷工運動由經濟抗爭轉向政治抗爭。以葛蘭西為首的義大利社會黨左派在 1920 年春提出，奪取政權先從工廠開始，以建立工廠委員會作為社會主義的政權形式和推動無產階級爭取

革命勝利的動力。

5月，米蘭冶金工廠廠主聯合其他工廠主實行同盟歇業，破壞工人罷工。冶金工會組織工人占領工廠。至8月底，米蘭冶金工廠全部控制在工人手中。

9月，義大利全國工人參加占領各自所在工廠的運動，他們組織護廠赤衛隊，推選工廠委員會領導生產。因原料供應不上，生產被迫停止，運動招致挫敗。

在工人運動影響下，農民也從自發的抗租抗稅抗爭發展為以退伍軍人為主體的占地運動。至1920年4月，義大利有上百萬農民和退伍軍人參加占地抗爭。

隨著工農運動的迅猛高漲，義大利北部和中部一些地區出現建立蘇維埃政權的呼聲。都靈和佛羅倫薩已有「共產主義城市」之稱。

經1920年地方選舉，在全國省市鎮控制了多數席位。但社會黨內存在極大分歧，主要領導人深受第二國際改良主義影響，1919年至1920年義大利工人運動未能發展為社會主義革命。

戰後初期，英法等國無產階級也掀起強大的罷工運動。他們要求改善自身處境，反對武裝干涉蘇俄。此外，1923年9月23日，在季米特洛夫等人領導下，保加利亞西北部舉行反對詹科夫軍事獨裁政權的武裝起義。9月30日，起義失敗。

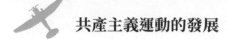

　　儘管在 1917 年俄國十月革命以後的所有無產階級革命都遭到了失敗，但這一連串的群眾抗爭、武裝起義和革命抗爭，匯合成為衝擊資本主義制度的革命洪流，震撼了資產階級統治，鍛鍊了革命人民，激化了社會矛盾，進一步加深了帝國主義的全面危機。

蔓延全球的經濟危機

　　1929 年 10 月 24 日，美國紐約華爾街股票市場突然崩潰，引發了資本主義世界嚴重的經濟危機。這場危機來勢凶猛，由美國開始，迅速向整個資本主義世界蔓延，造成了災難性的社會政治後果。

　　經濟危機引起工廠停工、商店倒閉、銀行破產、失業激增，整個工、農、商業陷於癱瘓。德國和美國受危機的打擊最為嚴重。

　　與此同時，農產品銷售額大幅度下降，德國幾乎下降一半，美國下降一半有餘。

　　在財政金融方面，銀行信貸系統崩潰。隨即引發了德國一家大銀行，即達姆施塔特國家銀行破產，德國全部銀行交易所被迫關閉。在國際貿易方面，整個世界國際貿易額下降。

　　危機期間，整個資本主義世界經濟倒退了 25 年。其中，

美國倒退了 27 年，德國倒退了 36 年。

在經濟危機打擊之下，資本主義國家的民眾生活水準明顯下降，失業成了廣為流行的瘟疫。德國和美國的失業現象最為嚴重，即使就業，大約也有一半人打短工。

經濟危機，激化了社會矛盾。工人罷工此起彼伏，中小資產階級掀起陣陣抗議聲浪，整個資本主義世界處在風雨飄搖之中。

這次經濟危機是一種普遍的國際現象，它對整個資本主義世界的影響是巨大的，尤其是在封建主義和軍國主義影響較大的德國和日本所造成的後果更為嚴重。

危機期間，德國工業生產直線下降。城市中小商業者、企業主和手工業者的經濟地位動盪不定。許多工廠倒閉，中小企業破產。德國的官員、職員和知識分子的收入及退休金也大大減少。德國政府還不斷削減社會保險費和補助金。在經濟危機中，德國農民的生活狀況大大惡化。1932 年至 1933 年間，農業收入降至 1913 年以來最低數額。農業危機首先表現為農產品銷售困難，農業債務激增。在農業危機的衝擊下，小農戶都受到影響，就連有田 250 公頃以上的大地主也均負債。在債務重壓之下，農民被迫出賣地產，其貧困程度相當嚴重。面對嚴重的經濟危機，德國中小資產階級在苦悶、徬徨中尋找出路，提出：

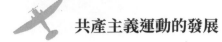

共產主義運動的發展

我們需要一種新時代的信仰！

我們要改造社會、強烈地渴望一種進行改良、改善

自己政治、經濟處境的小資產階級社會主義。

城市手工業者、小商人、小企業主強烈地希望，在大壟斷資本面前得到國家的保護，限制大工廠、大企業的勢力，以求生存，進而改善自己的經濟和社會地位。中小農戶希望政府推行保護關稅政策，降低地租，調整農產品價格。官員、職員和大學生希望保證就業，保持社會地位的穩定性。總之，自 1930 年起，中小資產階級強烈地要求改變現狀，希望建立一個有利於自身利益的新的國家。

日本經濟危機爆發較晚。直至 1930 年春天，日本才遭到世界經濟危機的猛烈衝擊。

日本對外貿易劇減，給嚴重依賴國外市場的日本經濟打擊極大。國內物價、股票行情下跌，颳起陣陣解僱工人和企業倒閉之風。

1929 年至 1931 年，日本農戶負債總額相當於農產品總值的兩三倍。沉重的債務，壓得農民喘不過氣來。此外，大批失業工人流向農村，加重了農村的壓力。

日本是一個中小資產階級廣泛存在的國家，經濟危機使中小資產階級的處境惡化。在一般城市居民中，掀起要求降低房租、電費和煤氣費的運動，中小商人紛紛反對大百貨商店的排擠。

中小資產階級成員，既對現狀不滿，特別是對財閥懷有強烈的憤恨，要求「革新」和「改造」社會，又具有保守和反動傾向，易於接受民族侵略擴張和專制思想的宣傳。

日本雖然在 1920 年代經歷了政黨政治的鼎盛時期，但是此時政黨政治不能解決日本的內外危機。

同時，各政黨從本黨利益出發，爭權奪位，互相攻擊，為政黨政治自掘墳墓。同時，選舉中的收買、舞弊現象越演越烈，重大貪汙案接連不斷。政黨政治在民眾中威信掃地。

不難看出，經濟危機大大激化了日本的社會矛盾，從而為法西斯主義在日本的進一步發展創造了條件。

總之，在 1929 年至 1933 年世界經濟危機時期，資本主義國家中的中小資產者受到了沉重打擊，對其社會、經濟地位的下降惶恐不安，對於社會現狀十分不滿，強烈要求改造社會，幻想出現維護本階層利益的強權人物和權威國家，形成了對資本主義議會民主制的猛烈衝擊。

法西斯運動正是在這一背景下興起的，但是，在具有議會民主制傳統的美國、法國和英國等國家，儘管法西斯組織活動頻繁，但統治階級透過調整現存的議會民主制，阻止了法西斯運動的發展。

而在封建主義和軍國主義影響較大和議會民主制傳統薄弱的德國和日本，法西斯勢力卻發展成為強大的法西斯運動，為法西斯黨派的合法上臺奠定了重要基礎。

共產國際的蓬勃興起

第一次世界大戰爆發後，第二國際的各國社會民主黨領袖公然在國會中投票贊成戰爭撥款，支持帝國主義戰爭。第二國際隨著一戰的進程也已瓦解。為了迎接世界革命的到來，國際工人迫切需要建立新的國際革命組織。

列寧為創建國際革命組織做了大量的工作。

1917 年 4 月，列寧就已提議成立一個新的國際組織，以取代墮入社會沙文主義的第二國際。

1918 年，芬蘭、奧地利、匈牙利、波蘭、德國都成立了共產黨。

此時，帝國主義列強正在巴黎和會上籌建國際聯盟，共同鎮壓蘇維埃國家和國際共產主義運動。各國社會民主黨的機會主義者也在積極籌劃復活第二國際。

為了與帝國主義的國際聯合相對抗，削弱死灰復燃的第二國際機會主義的影響，各國共產黨人將建立新的國際組織提上日程。

1919 年 1 月，由俄國共產黨（布）發起，召開籌建共產國際的國際會議，並以與會共產黨和左派組織代表的名義向世界各國共產黨和左派組織發出參加共產國際成立大會的邀請。

當時，到蘇俄參加會議的代表歷經艱險。奧地利共產黨

接到列寧的邀請後，奧共中央決定派黨的主席格魯貝爾去參加會議。

1919 年 2 月 10 日，格魯貝爾從維也納動身了。當時，從維也納去莫斯科障礙重重，意外的事故層出不窮。一路上，格魯貝爾在車廂踏級、車頂、車廂連接處坐臥休息，有時甚至坐上運送牲口的車廂，最後，連運送牲口的車廂也沒有了，只得步行。這時，俄國國內戰爭尚未停息。進入俄國國境以後，還要穿過兩道白軍封鎖線，才能到達莫斯科。

一次，格魯貝爾經過白軍盤踞的村莊，被白軍發現了。他拼命逃跑，一群白軍緊追不放。格魯貝爾跑上一座山坡，脫下棉大衣包住頭順著坡滾進一條溝裡，才擺脫了白軍的追趕。他渾身都受了傷，衣服也劃破了。

於是，他喬裝成一個被紅軍俘虜後釋放回來的穿著破衣爛衫的士兵，把列寧的邀請書和奧共簽發的代表證縫在軍裝裡，冒著零下 20 多度的嚴寒，繼續向莫斯科前進。

走著走著，突然有一群人從背後趕來，把他包圍了。他被押到一個軍隊司令部。「這下可完了！」格魯貝爾心想，一定是給白軍抓住了。在一個昏暗的房間裡，一個長官開始審問他，並搜查他的軍裝。格魯貝爾緊張得心「怦怦」直跳。正在這時，格魯貝爾驀地在煤油燈的昏黃的光線下，瞅見這個長官的軍帽上面綴有一顆小小的紅星！「你們是……」格魯貝爾驚異地問道。「我們是紅軍……」長官

回答。「那太好了！我是到莫斯科去參加列寧召開的國際會議的。」格魯貝爾說著，撕開軍服，掏出了列寧的邀請書和代表證。代表證是一塊碟子般大小的布。在場的人都非常驚訝，立即向格魯貝爾表示歉意。第二天早晨，審問他的那個長官——紅軍師長親自把他送到火車站，安排在頭等車廂，還給了他一袋食物，並請他向列寧致以最親切的問候。

就這樣，經過 20 多天的長途跋涉，格魯貝爾終於在 3 月初到達了莫斯科。走在莫斯科大街上，格魯貝爾心情特別激動。他參加的這次會議，是一次具有重大歷史意義的會議。

格魯貝爾來到克里姆林宮。接待的同志告訴他，昨天會議已經正式開幕，列寧致了開幕詞，現在各國代表們正在進行大會發言。格魯貝爾走進會議廳，引起了全場的矚目。前幾天大家得到傳聞，說奧地利共產黨代表已經在旅途中犧牲了。他的突然出現使代表們又驚又喜。格魯貝爾走上主席臺，列寧站起來，滿面笑容，向他伸出雙手，親吻了他。「格魯貝爾同志，我們馬上請您發言。」列寧說。「我這副樣子怎能在聽眾面前講話？」「正是這樣子才好。」列寧向代表們宣布，曾經被大家以為犧牲了的奧地利代表剛剛抵達，現在請他發言。

格魯貝爾報告了奧地利工人運動情況，報告了奧地利共產黨員怎樣同投靠本國資產階級的社會民主黨進行激烈抗爭

的情形。他的報告受到了代表們的熱烈歡迎。

「好極了，格魯貝爾同志！」列寧緊緊握住他的手。

晚上，列寧向他介紹了前幾次會議的情況。在前幾次會議上，蘇俄代表團提議立即成立共產國際，列寧也支持這個提議。但有個別代表認為，不必急於成立共產國際。

列寧徵詢格魯貝爾的意見。格魯貝爾說，奧列寧在演講共在接到邀請後，即確認這次代表大會就是共產國際的成立大會，因此，他完全擁護蘇俄代表的提議。

在3月4日的大會上，格魯貝爾又作了發言，詳細闡述了必須立即成立共產國際的理由。會場上掌聲雷動，表示贊成這項提案，然後進行投票表決。表決結果，提案一致通過，全場歡騰。全體代表高唱《國際歌》。

就在這天會議上，列寧喜氣洋洋走上講臺，作了《關於無產階級民主和無產階級專政》的報告。

列寧回顧了無產階級戰鬥的革命歷程，揮著有力的手臂說：「資產階級社會民主黨人的螳臂是擋不住滾滾向前的革命洪流的。現在，無產階級必須找出實行自己統治的實際形式。這種形式就是無產階級專政的蘇維埃制度。」

他還說：「儘管資產階級還在橫行霸道，還在殺害成千上萬的工人，但勝利是屬於我們的，世界共產主義革命的勝利指日可待！」

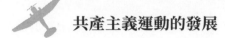

列寧講話時，兩眼炯炯有神，顯得異常興奮。自 1918 年他被反革命分子刺傷以後，身體尚未恢復，同志們讓他坐著說話，但他還是站起身來，揮動著手臂，聲音洪亮有力，響徹大廳。

這天晚上，格魯貝爾和另外幾名代表參加了大會《宣言》的定稿工作。列寧也來和大家一起推敲《宣言》的文字。從晚上 22 時一直工作到早上 6 時，列寧忘記了疲勞，大家把《宣言》逐段逐句唸給他聽，他和大家屢屢爭論這句那句的措詞，最後，他才樂呵呵地微笑著和大家告別。

3 月 6 日，大會通過了《共產國際宣言》。

《宣言》號召各國工人階級為實現無產階級專政、為奪取政權而進行堅決抗爭。接著，又選舉了共產國際的執行委員會主席團，完成了全部議程。列寧宣布大會閉幕。

共產國際成立以後，為了在群眾中明確地與第二國際劃清界限，又稱「第三國際」。

來自 21 個國家 35 個政黨和左派組織的 52 名代表出席會議。中國、朝鮮等東方國家的工人組織派代表列席會議。

會議通過《共產國際宣言》、《共產國際行動綱領》、《共產國際章程》（草案）等文件。章程規定，共產國際是按照民主集中制原則建立起來的各國共產黨的聯合組織，是統一的世界共產黨，各國共產黨都是它的支部，受它領導。

共產國際是第一國際和第二國際的無產階級國際革命事業的直接繼承者。它的建立使各國無產階級有了一個團結的中心，進一步推動了各國新型無產階級革命政黨的建立，促進了各國革命事業的發展。

至 1922 年，在歐洲，連同俄共（布）在內，已先後建立 28 個共產黨；在亞洲，有 7 個國家，南北美洲有 7 個國家，大洋洲和非洲各有 2 個國家，建立了共產黨。共產主義運動遍及全世界。

在共產國際的指引下，全世界無產階級革命抗爭風起雲湧。

在共產國際的指引下，各國的革命者紛紛組織起來，建立了共產黨的組織。美國共產黨成立於 1919 年，西班牙、法國、英國的共產黨成立於 1920 年；義大利和中國的共產黨成立於 1921 年……

共產國際成立後，國際工人運動有了重大發展，又有一些國家建立共產黨。

1920 年 7 月 19 日至 8 月 7 日，共產國際第二次代表大會在聖彼得堡（後轉到莫斯科）舉行。出席這次大會的有來自 41 個國家的 218 名代表。

大會的任務是在各國共產主義力量迅速發展的形勢下，研究如何幫助一些年輕的共產黨組織內部克服「左」傾宗派

主義傾向；確定國際共產主義運動的組織原則、行動綱領和戰略策略。

列寧在大會上作了《關於國際形勢和共產國際基本任務的報告》。列寧著重闡明了反對機會主義的必要性和艱巨性。列寧認為，工人運動要不是由機會主義分子來領導，資產階級就無法統治下去。因此，在各國黨內進行反對右傾機會主義的抗爭，正是共產國際的首要任務。

第二次代表大會通過了列寧親自制訂的加入共產國際的「二十一項條件」。

其中規定：

> 凡是要求參加共產國際的黨，都必須系統地宣傳共產國際的綱領和無產階級專政的學說；與改良主義的「中派」分子決裂，並把他清洗出自己的隊伍；支持殖民地半殖民地人民的解放抗爭；必須按照民主集中制的原則建黨；必須執行共產國際的綱領和決議。

大會還通過了列寧擬定的《土地問題提綱》和《民族和殖民地問題提綱》的決議。這兩個決議從無產階級革命的同盟軍的觀點來考察農民問題和殖民地問題，強調無產階級必須對農民的革命抗爭和被壓迫民族的解放抗爭進行領導。

1920 年 9 月，共產國際在蘇俄巴庫召開了東方民族代表大會，印度、伊朗、土耳其等 30 多個國家的代表出席了大會。

大會決定設立「東方民族行動和宣傳委員會」，出版《東方民族》雜誌。共產國際為東方民族提出了「全世界無產者和被壓迫民族聯合起來！」的口號。

隨著世界革命形勢的發展和共產國際影響的增長，1921年6月22日至7月2日，共產國際在莫斯科舉行了第三次代表大會，參加會議的有52個國家的103個組織的代表共605名。大會提出了各國共產黨應以爭取群眾的大多數為主要任務。

列寧在大會上提出：

> 為了贏得勝利，必須取得群眾的同情和支持。我們不僅應當把工人階級的大多數爭取到我們這邊來，而且應當把農村居民中被剝削的勞動群眾的大多數爭取到我們這邊來。因為，不如此就不能推翻資產階級政權和實現無產階級專政。

大會發出了「到群眾中去」的號召，以爭取群眾的大多數和消除社會民主黨的影響。

1921年12月，共產國際執行委員會會議通過了關於建立統一戰線的提綱，把爭取群眾大多數的思想，從政治上到組織上加以具體化。

1922年11月5日至12月5日，在莫斯科召開了共產國際第四次代表大會。出席大會的有來自58個國家的66個組

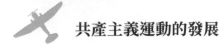

織的 408 名代表。會上，列寧作了《俄國革命五週年和世界
革命的前途》的講演。

列寧總結了蘇俄在新經濟政策基礎上的社會主義建設，
號召各國共產黨人必須深入學習蘇俄和世界革命運動的
經驗。

大會批准了共產國際策略提綱，指出共產黨人必須組織
工人成立統一戰線，提出了建立工人政府或工農政府的思
想；共產黨人必須竭盡全力防止工會分裂，爭取工會的統一
和工會的革命化；在民族殖民地問題上，大會提出了建立反
帝統一戰線的口號。

共產國際第四次代表大會關於統一戰線策略的決議具有
十分重要的意義，它推動著世界無產階級革命事業向深廣
發展。

在歐洲各國革命被鎮壓、工人運動處於低潮的情況下，
共產國際和各國共產黨的處境非常困難。他們不僅遭到資產
階級和右翼社會黨人從外部的圍攻，而且還遇到黨內各種機
會主義集團的破壞活動。

特別是 1924 年 1 月 21 日國際無產階級偉大領袖列寧逝
世後，更增加了共產國際和各國共產黨的困難。在上述情況
下，共產國際決定召開第五次代表大會。

1924 年 4 月 18 日，共產國際發出了關於召開第五次代表
大會的通報。通報提出，第五次代表大會必須就過去幾年運

用統一戰線策略的情況作出總結，並本著真正列寧主義精神
來解決它面對的一切問題。

代表大會於 1924 年 6 月 17 日至 7 月 8 日在莫斯科舉行。
出席這次大會的代表有 510 名，代表 49 個國家的 60 個組織。
大會總結了前一階段抗爭的經驗，討論和決定了在資本主義
相對穩定時期的策略方針和加強各國共產黨的建設等問題。

代表大會完全肯定了第四次代表大會後執行委員會所進
行的活動，並對 1923 年歐洲革命失敗的教訓作了總結。

這次革命失敗的教訓是很深刻的。

在革命過程中，共產國際向各國無產階級指出了為無產
階級專政而抗爭的正確道路。如德國革命，早在 1923 年春，
共產國際就指出，由於法國、比利時占領魯爾區而帶來的危
機，歐洲各國無產階級特別是德國共產黨要加強革命準備
工作。

至 8 月，在群眾革命運動高漲的情況下，共產國際要求
德國共產黨立即確定直接奪取政權的方針，並動員其他國家
支部大力支援德國革命。但是，由於社會民主黨首領的背叛
和共產黨內右傾機會主義集團的投降行動，招致了這次革命
的失敗。

從當時各國革命抗爭主觀指導方面來看，這次革命之所
以失敗，更主要的是因為歐洲各國還缺少一個無產階級革命
政黨。

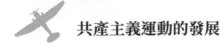

在革命高漲年代所建立的各國共產黨都還年輕,缺乏抗爭經驗,馬克思列寧主義理論修養不夠,對列寧主義的戰略、策略原則的理解不夠,尤其還不善於把馬克思列寧主義的普遍原理同各國的具體情況結合,組織上也很軟弱。這就造成在抗爭的關鍵時刻不能強有力地反擊資產階級的進攻。

代表大會對實現工人隊伍統一問題給予了極大的注意。要取得工人隊伍的統一,必須有正確的統一戰線的政策,只有這樣才能把廣大工人群眾爭取到自己的方面來,為新的革命高潮的到來積蓄革命力量。

代表大會指出,歐洲各國支部中的右傾機會主義傾向,是統一工人階級隊伍的嚴重障礙。

共產國際關於統一戰線的策略過去和現在一直是革命的手段,而不是和平進化的手段。它是四面受敵人包圍的共產主義先鋒隊的革命的靈活戰略。

它的主要目的在於反對社會民主黨的右翼領袖,把社會民主黨工人和大多數非黨工人吸引到共產黨這方面來,吸引他們參加抗爭,從而準備對資產階級採取進攻。

共產黨人的議會活動是為了揭穿社會民主黨右翼的欺騙行為,並對廣大勞動群眾說明資產階級成立的所謂工人政府的偽裝性質,它是革命無產階級進行奪取政權的抗爭和當時資產階級不可避免的動搖不定的派生物。它實際上是自由派

資產階級政府。

「工農政府」的口號是用革命的語言，用人民群眾的語言，來表達「無產階級專政」的實質。

俄國革命經驗中所產生的「工農政府」的公式，是動員和鼓舞群眾用革命手段推翻資產階級和建立蘇維埃制度的一種方法。它是為勞動人民中的廣大階層所易於接受的一個好公式。

特別當社會民主黨的領袖們越來越多地被邀請參加資產階級政府，而社會民主黨所掌握的廣大工人階層生活越來越壞的時候，對執行這一策略更加有利。

共產黨人在執行這一策略時，要善於吸引社會民主黨的大多數普通工人群眾和共產黨人一起，首先參加經濟抗爭，然後參加政治抗爭，以消除社會民主黨右翼領袖們的影響，從而使勞動人民中的主要階層轉到共產主義方面來。

但共產國際歐洲各國支部中的右傾機會主義分子不是這樣，他們把工人政府說成是一種「資產階級民主制範圍內」的政府，是和社會民主黨的一種政治聯盟。在統一戰線問題上，這種右傾機會主義的表現，德國最為典型。

回顧 1923 年德國無產階級戰鬥的歷史，就可以清楚地看出這一問題。

共產國際第五次代表大會於 1927 年 5 月 18 日至 30 日舉

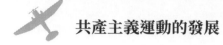

共產主義運動的發展

行。會議記錄始終沒有發表。到會的代表共 71 名，其中 33 名有表決權。會議議程只有中國問題和戰爭危險問題兩項。

執行委員會這次不像往常那樣在一個大廳裡開會，而是在旁聽者無法容身的一間小小的委員會辦公室裡舉行的。有關文件直至會議開幕前夕才散發，而且在會議結束時必須交還。只有史達林關於中國問題的演說和布哈林向莫斯科黨組織作的報告事後發表了。

1928 年 8 月 17 日至 9 月 1 日共產國際第六次代表大會在莫斯科舉行。參加大會的代表有 532 名，來自 57 個國家 65 個組織。大會最重要的議程有兩個：一是討論當前的國際形勢；二是討論共產國際綱領。

布哈林在大會開幕式上作了題為《關於國際形勢的報告》，指出從第一次世界大戰結束以來，世界局勢經歷了 3 個時期。

第一個時期是資本主義制度危機，無產階級直接進行革命的時期；第二個時期是資本主義制度逐漸穩定時期，資本主義經濟「復興」，資本主義攻勢的發展和擴張，無產階級則繼續處於守勢，這個時期蘇聯在建設社會主義道路上取得了重要的成就；進入第三個時期，資本主義經濟和蘇聯經濟都已超過了戰前水準，帝國主義國家生產力發展和市場縮小之間的對抗急劇增長，必然導致帝國主義之間的戰爭。

　　大會通過的《共產國際綱領》闡述了資本主義的發展規律，指出在各種增長著的矛盾的壓力之下，帝國主義面臨著不可避免的革命與滅亡，共產國際的最終目的是共產主義世界代替資本主義世界，闡述了蘇聯新型社會制度的形成；規定了無產階級的戰略和策略。

　　大會還聽取了庫西寧關於殖民地半殖民地國家革命運動的報告、曼努伊爾斯基關於聯共（布）情況的報告。大會還通過了《國際形勢和共產國際的任務》、《制止帝國主義戰爭危機的措施》、《殖民地和半殖民地國家的革命運動》、《開展國際反戰運動》等決議。

　　大會選舉布哈林負責主持共產國際的決策機構 —— 政治書記處的全部工作。李立三、蔡和森等代表中國共產黨出席了代表大會。

　　從 1919 年起，共產國際總共召開了 7 次代表大會。第七次代表大會是在 1935 年召開的。

　　會議對各國法西斯準備挑起新的世界大戰陰謀作了全面的揭露，號召全世界人民團結起來反對戰爭。大會提出的口號是「法西斯主義就是戰爭」，為世界人民指明了共同的敵人。

　　共產國際成立之初，曾經期望在很短時間內掀起歐洲各國革命高潮，並在贏得勝利的基礎上建立世界蘇維埃共和國。

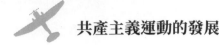

共產主義運動的發展

　　後來的實踐證明，當時對於國際革命形勢的估計是不切合實際的，在它的活動中，過分地強調了國際的集中領導。但它的建立和指導，尤其是在初期，的確開創了國際共產主義運動空前活躍的局面。

　　各國共產黨以馬克思列寧主義作為自己的指導思想，擁護和信奉列寧關於無產階級革命和無產階級專政的學說；在政治上與第二國際修正主義和改良主義決裂；在組織上堅持民主集中制原則，強調統一行動和嚴格紀律，因而具有堅強的革命性和戰鬥力。

　　它的存在、發展及影響的擴大，直接間接地構成了對各國資產階級統治的嚴重威脅。它的革命實踐，加劇了帝國主義全面危機。

　　共產國際在中、後期活動中，對各國無產階級革命事業和黨的建設作出過不少錯誤的指導和決定。但它正確作出了建立反法西斯統一戰線的決策。

　　1943 年，由於戰爭環境，以及各國共產黨的逐步成熟，國際共產主義運動沒有必要也不可能由單一的「中心」來領導。於是，共產國際執委會於 5 月 15 日作出決議，宣布共產國際正式解散。各國人民的革命抗爭，由各國共產黨根據各國的情況來領導。從此，國際共產主義運動進入了一個新的發展階段。

民族解放運動的興起

朝鮮爆發反日示威遊行

　　1910 年 8 月，日本吞併朝鮮。第一次世界大戰期間，日本對朝鮮變本加厲地實行民族壓迫和經濟掠奪。朝鮮各階層人民不斷開展各種形式的反日愛國抗爭。1919 年 1 月 22 日，傳出被日本廢黜和長期幽禁的朝鮮國王李熙被毒死在德壽宮的消息，激怒了朝鮮各階層群眾，成為爆發反日愛國運動的導火線。李熙，原名載晃，字明夫，即位後改名李熙。李熙是興宣大院君李昰應之子。1864 年以王室旁支身分即位，成為新任朝鮮國王。

　　由於在許多朝鮮人眼中，被日本人廢黜和長期幽禁的前朝鮮國王李熙是朝鮮復國的精神支柱，因此，李熙也成為了日本人的一塊「心病」，必欲除之而後快。

　　李熙於 1897 年即大韓帝國皇帝，年號光武。其實，日本人只不過做個樣子給世人看罷了，他們的目的是讓李熙充當日本的傀儡。不過，李熙這個大韓帝國皇帝胸懷大志。他見日本實際已做上了太上皇，心裡很不自在，便暗地裡聯絡歐美勢力，企圖擺脫兒皇帝的處境。1905 年，日本與俄國又交火了，李熙乘機活動，爭取朝鮮的獨立。結果，俄國吃了敗仗，尋求獨立的李熙碰了壁，沒辦法，只好逃到俄國大使館裡尋求政治避難，結果還是被日本人抓了回來。李熙氣得吐血，被監視在深宮裡，不准外出，整天唉聲嘆氣。時隔不

久，在荷蘭的海牙召開了第二屆萬國和平會議。李熙得知這一消息後轉憂為喜，暗派一個密使前往海牙，在萬國和平會議上呼籲國際輿論幫助朝鮮廢除日本的「監護」，恢復朝鮮的獨立。

日本駐朝鮮總督長谷川得知密使是李熙派出的，惱羞成怒，領兵衝進宮來，一把將李熙推下皇帝寶座，下令廢掉李熙的皇位，另扶一個叫李坧的太子來做兒皇帝。

被廢的李熙被關在德壽宮。從那時起，李熙在德壽宮整整被幽禁了 12 年。李熙在德壽宮裡的生活也還不錯，身邊照樣有宮女侍候。

李熙每天吃過晚飯稍事休息，就端坐在佛堂之上誦經唸佛。誦經之後，宮女會依照慣例奉上一杯紅茶給他喝。李熙平日最喜歡喝紅茶。

1917 年，俄國十月革命贏得了勝利。亞洲各國人民從中看到了民族解放的希望。在十月革命的影響下，埃及發生華夫脫運動；與朝鮮毗鄰的中國，愛國運動正在蓬勃興起。

日本見此局勢不禁著了慌，擔心朝鮮也為獨立而乘機鬧事。長谷川想，李熙雖然被關在高牆深宮裡，可他在朝鮮人的心目中依然是個活著的神像。再說李熙本人也天天夢想復國，若是時局一變，他肯定又是朝鮮反對日本統治的一面旗幟。

於是，日本決定把李熙這個心腹之患除掉。

1919 年 1 月 4 日晚，吃過晚飯的李熙又在佛堂上誦經，一個宮女像往常一樣向他敬奉一杯紅茶。李熙恰巧此刻口乾，順手接過茶飲了一大口。正想誇紅茶清香，忽覺肚中絞痛難忍，倒在地上翻滾。宮女大驚失色，衝出門連聲叫喊救駕。

可是，未等宮中太醫趕到，李熙已七竅流血身亡。過了一會兒，日本監護、醫生和憲兵出現在宮中，好像事先就準備好了似的。日本憲兵稱李熙是得急病死的，並當即拘捕宮裡所有的朝鮮官員、宮女和僕人。

接著，他們對外發喪，宣稱李熙因患腦出血突然駕崩。日本駐朝鮮總督府宣布，將在 3 月 3 日這天，依照日本禮儀，為李熙舉行國葬。

李熙的真實死因，是蓄謀已久的日本政府下了毒手。日本特務利用李熙夜間喜用紅茶的習慣，悄悄在茶中投下了劇毒砒霜。長谷川自認為這事做得機密，絕不會有他人知道隱情。然而，紙裡包不住火，不出幾日，日本毒害李熙的消息像長了翅膀一樣傳遍了朝鮮。李熙的被害使朝鮮人民的民族感情受到深深的傷害，引發了朝鮮全國範圍內的反日抗爭。朝鮮天道教教主孫秉熙拍案而起，聯絡數十位朝鮮民族代表，起草了《獨立宣言書》。愛國學生舉行反日大遊行，聲援孫秉熙，並與以他為首的代表們結成反日同盟。舉國相

約，在 3 月 3 日國葬之日，發起反日大示威。

2 月 8 日這天，在日本的朝鮮留學生率先起事，在東京舉行幾千人大會，發表要求朝鮮獨立的宣言。

3 月 1 日，反日抗爭提前發動。成千上萬的漢城學生湧向市中心的塔洞公園。漢城和其他城市的工人都趕來了，連邊遠山區的農民也趕著牛車或騎著毛驢蜂擁而來。學生領袖登上公園中心六角亭，面對人山人海，莊嚴宣讀了《獨立宣言書》。

集會過後，30 萬人民群眾，高舉著朝鮮國旗，揮舞著標語小旗，湧向大街，盛大的遊行示威開始了。幾十萬人在長街上振臂高呼：

> 朝鮮是朝鮮人的朝鮮！
> 日本強盜滾回去！
> 朝鮮獨立萬歲！

遊行的隊伍像澎湃的潮水一般，奔湧在漢城的大街小巷，擁向停放李熙靈柩的德壽宮前祭奠。在愛國群眾的感召下，一部分朝鮮巡警也加入了遊行隊伍。長谷川見時局危急，急忙派大批駐朝鮮的軍隊、警察、憲兵、特務前去鎮壓。赤手空拳的人民群眾與日本殖民者展開了殊死的搏鬥。日本強盜用大刀砍、馬鞭抽、繩索套，殘忍至極。一個手舉國旗的女學生無所畏懼地迎著日本憲兵的屠刀前進，憲兵砍

了她舉旗的右手，她不顧傷口的劇痛，用左手舉起國旗，又挺身向前走。漢城「三一」大遊行震動了全國。這一天，在平壤、南浦、安州、宣川、義州、元山、仁川等地也發生了群眾示威和暴動。

在開城，3月3日上午，有200多名學校女生，排隊高唱讚美詩和獨立歌，不多時就聚集了3,000多人。到了下午，許多十五六歲的少年也加入隊伍，高呼「獨立萬歲」的口號。

不僅如此，朝鮮各地還興起了停業、罷市、罷工、罷課和抵制日貨的浪潮。許多地方憤怒的群眾拿起自制的武器，衝進日本官廳，殺進日本公署的郡守衙門。

一批日本官吏、親日奸細和地方惡霸被就地處決。起義活動一開始就引起日本政府的注意。3月1日當天，日本原敬內閣急忙訓令長谷川：「這次事件需要把它說成是輕微問題，然而實際上要嚴格處置，以防再次發生。但要充分注意，外國人最注意此次事件，不要招致苛刻的批評。」

至4月，日本政府決定採取「斷然處置」措施，並增派6個營的兵力和400名憲兵去朝鮮。長谷川最後發布命令：「動用全部兵力盡力鎮壓！」他還授權警察任意搜查、逮捕朝鮮愛國群眾。

在鎮壓過程中，日本侵略者露出本性，採取極其殘忍的

手段虐殺朝鮮人民。日本軍警到處用軍刀或刺刀砍掉起義者的頭顱，在街上示眾；把愛國者綁在街頭十字架上，往四肢釘鐵釘，把他們活活折磨致死。

在令人髮指的「堤岩里屠殺事件」中，日本軍警把村內的基督教徒 30 餘人押進教堂並封鎖出口，接著向教堂開槍掃射。

此時，一名婦女把自己的嬰兒舉出窗外，央求免孩子一死。但是，日軍卻用刺刀刺入嬰兒的頭顱，使其當即死亡。

接著日軍縱火焚燒教堂，將這些平民活活燒死。日本侵略者的滔天罪行引起國際輿論的關注，但日本殖民當局竭力掩蓋稱：沒有殺死一個人，只有兩個人受了重傷。

但是，英勇的朝鮮人民在一系列的抗爭中，顯示出了不屈的精神和與日本血戰到底的決心。

朝鮮「三一」運動是一場全民性的反帝愛國運動。它雖然屬於自發抗爭，缺乏統一領導，加上力量對比懸殊，遭到失敗，但打擊了日本在朝鮮的殖民統治，迫使日本不得不撤換總督，將「武斷政治」改為「文化政治」，在經濟上做出某些讓步。

經過「三一」運動的洗禮，朝鮮工人階級開始以一支有組織的力量登上歷史舞臺。

中國愛國運動風起雲湧

　　1919 年 1 月，第一次世界大戰戰勝國在法國巴黎召開所謂的「和平會議」，中國作為第一次世界大戰協約國之一參加了會議。

　　中國代表在和會上提出廢除外國在中國的勢力範圍、撤退外國在中國的軍隊和取消「二十一條」等正義要求，但巴黎和會不顧中國也是戰勝國之一，拒絕了中國代表提出的要求，竟然決定將德國在中國山東的權益轉讓給日本。

　　此消息傳到中國後，群情激憤，學生、工商業者、教育界和許多愛國團體紛紛通電，斥責日本的無禮行徑，並且要求中國政府堅持國家主權。

　　在這種情況下，和會代表提交了關於山東問題的說帖，要求歸還中國在山東的德租界和膠濟鐵路主權，以及要求廢除「二十一條」等不合法條約。但結果，北洋政府屈服於帝國主義的壓力，居然準備在《協約國和參戰各國對德和約》上簽字。

　　最終，英、美、法、日、義等國不顧中國民眾抗議，在 4 月 30 日簽訂了《和約》，即《凡爾賽條約》，仍然將德國在山東的權益轉送日本。

　　在巴黎和會中，中國政府的外交失敗，直接引發了中國民眾的強烈不滿，從而引發了五四運動。在這樣強大的壓力

下，中國代表最終沒有出席巴黎和會的簽字儀式。

1919 年 5 月 1 日，北京大學的一些學生獲悉和會拒絕中國要求的消息。當天，學生代表就在北大西齋飯廳召開緊急會議，決定 1919 年 5 月 3 日在北大法科大禮堂舉行全體學生臨時大會。

5 月 3 日晚，北京大學學生舉行大會，高師、法政專門、高等工業等學校也有代表參加。學生代表發言，情緒激昂，號召大家奮起救國。最後定出 4 條辦法：

> 一是聯合各界一致力爭；二是通電巴黎專使，堅持不在和約上簽字；三是通電各省於 1919 年 5 月 7 日國恥紀念日舉行遊行示威運動；四是定於 1919 年 5 月 4 日齊集天安門舉行學界之大示威。

1919 年 5 月 4 日，北京 3 所高校的 3,000 多名學生代表衝破軍警阻撓，雲集天安門，他們打出「誓死力爭，還我青島」、「收回山東權利」、「拒絕在巴黎和約上簽字」、「廢除『二十一條』」、「抵制日貨」、「寧肯玉碎，勿為瓦全」、「外爭國權，內懲國賊」等口號。並且要求懲辦交通總長曹汝霖、幣制局總裁陸宗輿、駐日公使章宗祥。

學生遊行隊伍移至曹宅，痛打了章宗祥，北京高等師範學校數理部的匡互生第一個衝進曹宅，並帶頭火燒曹宅，引發「火燒趙家樓」事件。隨後，軍警給予鎮壓，並逮捕了學生代表 32 人。

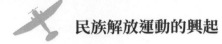

民族解放運動的興起

　　燒掉趙家樓的學生遊行活動受到廣泛關注，各界人士給予關注和支持，抗議逮捕學生，北京軍閥政府頒布嚴禁抗議公告，大總統徐世昌下令鎮壓。但是，學生團體和社會團體紛紛支持。

　　1919 年 5 月 11 日，上海成立學生聯合會。5 月 14 日，天津學生聯合會成立。廣州、南京、杭州、武漢、濟南的學生和工人也給予支持。

　　5 月 19 日，北京各校學生同時宣告罷課，並向各省的省議會、教育會、工會、商會、農會、學校、報館發出罷課宣言。天津、上海、南京、杭州、重慶、南昌、武漢、長沙、廈門、濟南、開封、太原等地學生，在北京各校學生罷課以後，先後宣告罷課，支持北京學生的抗爭。

　　1919 年 6 月，由於學生影響不斷擴大，《五七日刊》和學生組織宣傳，學生抗議不斷遭到鎮壓。

　　6 月 3 日，北京數以千計的學生湧向街道，開展大規模的宣傳活動，被軍警逮捕 170 多人。學校附近駐紮著大批軍警，戒備森嚴。6 月 4 日，逮捕學生 800 餘人，此間引發了新一輪的大規模抗議活動。6 月 5 日，上海工人開始大規模罷工。上海日商的內外棉第三、第四、第五紗廠、日華紗廠、上海紗廠和商務印書館的工人全體罷工，參加罷工的有兩萬人以上。

　　6月6日、7日、9日，上海的電車工人、船塢工人、清潔工人、輪船水手也相繼罷工。總數前後約有六七萬人。上海工人罷工波及各地，京漢鐵路長辛店工人、京奉鐵路工人及九江工人都舉行罷工和示威遊行，自此起，運動的主力也由北京轉向了上海。

　　6月6日，上海各界聯合會成立，反對開課、開市，並且聯合其他地區，告知上海罷工主張。透過上海的「三罷運動」，全國22個省150多個城市都有不同程度的反應。

　　6月11日，陳獨秀等人到北京前門外鬧市區散發《北京市民宣言》，聲明如政府不接受市民要求，「我市學生商人勞工軍人等，唯有直接行動以圖根本之改造」。陳獨秀因此被捕。

　　各地學生團體和社會知名人士紛紛通電，抗議政府的這一暴行。面對強大社會輿論壓力，曹汝霖、陸宗輿、章宗祥相繼被免職，總統徐世昌提出辭職。6月12日以後，工人相繼復工，學生停止罷課。6月28日，中國代表沒有在和約上簽字。

　　6月23日，由阮真主編的《南京學生聯合會日刊》創刊，發行所設在門簾橋省教育分會事務所內。張聞天、沈澤民為編輯科科員，是該報的主要撰稿人之一。該刊及時報導南京、江蘇及全國學生反帝愛國運動的情況；圍繞如何「改

良社會」這一中心問題，抨擊日本帝國主義和北洋軍閥政府，批判舊制度、舊道德、舊思想、舊習慣，宣傳革命民主主義思想，並介紹各種新思潮。

1921 年 11 月 12 日至 1922 年 2 月 6 日，由美國倡議的華盛頓會議召開。1922 年 2 月 4 日，中國和日本在華盛頓簽訂了《中日解決山東問題懸案條約》及其附約。

條約規定，日本將德國舊租借地交還中國，中國將該地全部開為商埠；原駐青島、膠濟鐵路及其支線的日軍應立即撤退；青島海關歸還中國；膠濟鐵路及其支線歸還中國等。

附約中規定了對日本人和外國僑民的許多特殊權利，但是中國透過該條約收回了山東半島主權和膠濟鐵路權益。

印度進行驅逐殖民者抗爭

在南亞，印度爆發了大規模的反對英國殖民統治的民族解放抗爭。

第一次世界大戰期間，印度的民族工業有了一定發展，提供了大量人力和資源，有 150 萬人參戰。它的軍費負擔在英帝國範圍內僅次於英國，居第二位。

1919 年 3 月 18 日，殖民當局頒布一項由英國法官羅拉特為首制定的鎮壓印度民族運動的法案。該法案授予總督特別全權，可對認為有顛覆嫌疑的人加以逮捕、搜查，不經審訊

予以監禁，被捕者不得請律師辯護，從而激起印度各階層人民的抗議，展開了大規模的反英抗爭。

從 3 月 30 日起，德里及全國主要城市舉行罷業、群眾集會和示威遊行，要求撤回這一法案。英帝國為了撲滅席捲全印度的群眾抗議抗爭，於 4 月 13 日，在旁遮普省的阿姆利則市對 5 萬多名集會群眾進行血腥的大屠殺。

當場有 1,200 多人被殺害，2,000 多人受傷。印度舉國為之震驚，反帝抗爭進一步高漲。在旁遮普省，人們焚燒政府機關和建築物，與警察發生衝突，兩天之內擴展至 50 個城市和地區。

工人罷工，農村騷動，超越了當時國大黨主席甘地所倡導的非暴力原則。由於甘地下令制止，群眾反帝抗爭在 4 月 18 日暫時平息下來。

1920 年 3 月，殖民政府發表關於「阿姆利則事件」的調查結果，為造成這一慘案的現場指揮人開脫罪責。這再次引起印度人民的極大不滿。

1920 年秋，國大黨通過甘地提出的非暴力的不合作計劃，規定所有印度人拒絕英國政府頒發的官爵封號；拒絕在法院和政府工作；不進英國人辦的學校，抵制英國商品；普遍拒絕納稅等。

自此，全印度廣泛開展不合作運動，抵制 1920 年 10 月舉行的議會選舉和 1921 年 2 月的中央立法會議。殖民當局嚴

厲鎮壓，自 1921 年 11 月至 1922 年 3 月，交法庭審判的政治犯 19,498 人，其中 15,337 人被判刑。

由於殖民地當局的暴力鎮壓，不合作運動越來越超出非暴力的界限。不少地方的農民襲擊地主莊園，奪取糧食，拒絕繳納地租。

印度工人運動也在不斷高漲，英國殖民當局對此惶恐不安。

1929 年 3 月 20 日夜，英國殖民當局在印度各大城市逮捕了 31 名印度著名的工會領袖和一名英國記者。

被捕者中有印度工會大會、紅旗工會、大印度半島鐵路工會、全印鐵路工人聯合會以及聯合省、孟加拉省等地的工會聯合會的著名領導人和活動家。

殖民當局把他們押解到德里東北一個遠離工業中心的小鎮密拉特進行審判。檢察官依據刑法提出公訴，指控被捕者「圖謀使國王喪失其對印度的統治」、「圖謀借犯罪力量以顛覆印度政府」，證據是他們「煽動勞資對立」、「成立工農黨、青年聯盟、工會等」及「慫恿罷工」。

高等法院審判官認為，被告並無從事任何明顯的非法行為。而檢察官則宣稱：「就本案而言，證明被告是否確曾有何行動是不必要的，只要能證明陰謀就夠了。」殖民當局故意把這種沒有證據的審判拖了 3 年半之久。

　　印度人民也發出了強烈的抗議，全印度和各大工業中心城市都成立了辯護委員會，印度各地一再舉行抗議集會和示威遊行。國際進步輿論也紛紛聲援受審者。

　　關於這次審判，英國工黨和工聯大會在 1933 年發行的一本小冊子中承認：「整個審判和法院的一切情形，從法律觀點來看沒有一點可以證明是正確的，而是可恥地違背了法典。」

　　1929 年 12 月，國大黨拉合爾代表大會通過了「爭取印度完全獨立」的決議，宣布 1 月 26 日為獨立日。

　　1930 年 3 月，甘地開展第二次不合作運動以後，印度掀起了反英抗爭的新高潮。

　　4 月 18 日，孟加拉省吉大港的群眾在市中心舉行了示威遊行。當晚，蘇爾賈亞·森領導的「吉大港印度共和軍」襲擊英國軍火庫和警察營房，殺死衛兵多名，發動了武裝起義。吉大港人民起義被鎮壓，「共和軍」幾十名成員和主要領導人被逮捕和審判。

　　1930 年 4 月，英國殖民當局逮捕了印度國大黨的幾乎全部領導人，這更激發了人民的反抗抗爭。

　　4 月 20 日，印度西北邊省的中心白沙瓦開始了不合作運動。大批農民和季節工人聚集到白沙瓦舉行示威遊行，工廠、機關、學校都停工停課，到處舉行反英集會。由於軍警向群眾開槍，造成了流血事件。

23 日晨，白沙瓦市一隊遊行群眾阻攔了押送被捕者的卡車，並與警察發生衝突，於是憤怒的群眾把示威轉變為武裝起義。他們燒燬英軍的裝甲車，築起了街壘。

在起義群眾的影響下，第一皇家哈爾瓦團兩個營的印度教士兵拒絕向群眾開槍，並把武器交給起義者。英國殖民當局十分驚慌，急忙將軍警撤離白沙瓦。起義群眾控制白沙瓦達兩個星期之久。

白沙瓦起義的消息迅速傳遍全國，各地群眾紛紛起來支援。5 月 3 日，在旁遮普和其他省分的各大城市舉行了「白沙瓦日」。邊境部落的錫克人和巴克人還組織了志願隊伍前來增援，但遭到英軍的截擊。

5 月 8 日，孟買省紡織工業中心紹拉普爾市的人民群眾舉行示威遊行，警察向遊行隊伍開槍射擊，示威的群眾立即予以反擊，於 5 月 8 日當天舉行了起義。

英國殖民當局唯恐起義對其他城市產生影響，急忙調動了約 2,000 人的英國軍隊向起義者反撲。起義的群眾堅持戰鬥數日，5 月 16 日，起義政權的成員被捕，起義隊伍最後被鎮壓下去。

紹拉普爾起義是印度人民群眾自發的反對英帝國主義殖民統治的抗爭，起義雖然失敗了，但衝破了「非暴力」的束縛，鼓舞了印度人民的反帝抗爭。

　　1931 年 1 月 26 日，甘地等國大黨領導人釋放。英總督與其會談，3 月 5 日簽訂《德里協定》，國大黨停止了不合作運動，同意參加新的圓桌會議。

　　9 月 7 日至 12 月 4 日，在倫敦舉行了第二次圓桌會議。甘地作為國大黨的唯一代表出席會議，在會上提出給予印度自治領地位的要求，遭到英國拒絕。加上對居少數地位團體的代表權等問題有不同意見，會議未達成協議。

　　1931 年 12 月 28 日，英國和印度關於印度政府前途的第二輪會談因印度民族主義者要求完全獨立而宣告失敗。英國政府願意給印度一個有限的主權，即讓印度掌管政府各方面的財務。

　　聖雄甘地代表全印國民議會參加會議。除完全獨立外，他拒絕接受任何條件。會議的不歡而散導致印度的又一番混亂，當局採取新的步驟鎮壓獨立運動。

　　1932 年 1 月 4 日，新的一年剛開始，印度的獨立運動就受到挫折。在倫敦舉行的印度會議於 1931 年 12 月 1 日休會，雙方沒有取得任何成果。

　　在這一次倫敦會議失敗之後，甘地透過國民大會黨向英國駐印度新總督費里曼·湯瑪斯·威靈頓爵士提出他們一貫的要求，威靈頓態度強硬，並威脅要採取相應的措施。甘地激勵印度人加強不合作運動，拒絕購買英國一切貨物。

結果英國人在印度第一次騷動之後，逮捕了所有反對派的領袖，還對全印度國民大會黨發出禁令。印度全國都設置即決法庭，這種法庭可以判決死刑或放逐。

1932 年 11 月 15 日至 12 月 24 日，舉行了第三次圓桌會議。只討論了次要問題。3 次圓桌會議沒有達成積極的成果，但為英國政府和議會制定《印度政府組織法》提供了資料。

土耳其的全民抵抗運動

在第一次世界大戰中，土耳其是一個日趨衰敗的封建性帝國 —— 鄂圖曼帝國。由於它站在同盟國一方參戰，實際上已淪為帝國主義的「保護國」。

1910 年 10 月 30 日後，英法義等國軍隊進駐土耳其，希臘軍隊在 1919 年 5 月占領伊茲密爾，土耳其面臨被列強瓜分的危險。

在民族存亡的關頭，土耳其人民掀起了大規模的民族解放抗爭。運動的組織者和領導者是民族資產階級，核心人物主要由知識分子和軍官組成。其領袖人物凱末爾歷任軍長、集團軍司令，是一位愛國將領。他領導的土耳其資產階級革命，也稱「凱末爾革命」。

1919 年 5 月，凱末爾著手組織全民族抵抗運動；7 月和 9 月，兩次召開代表大會，成立全國性民族主義者組織安納托

利亞和盧梅尼亞保護權利協會；大會選出了以凱末爾為首的代表委員會。

這時，凱末爾黨人還沒有公開反對在首都伊斯坦布爾的已經成為英國傀儡的蘇丹，而是推動蘇丹政府召開土耳其議會。同年年底，以安卡拉作為民族解放運動的中心。

1920 年 1 月，鄂圖曼帝國最後一屆議會會議上，凱末爾及其支持者取得議會多數，從而使議會通過實現土耳其統一、獨立和自由的《國民公約》。這個綱領性的文件，成為民族解放抗爭的旗幟。但是，蘇丹政府在英國的唆使下，竟然解散議會。

凱末爾於 1920 年 4 月間在安卡拉召開新的議會，取名土耳其大國民議會。大國民議會宣布自己是土耳其唯一合法政權，選舉凱末爾任主席。

1920 年 6 月，由英國裝備的希臘軍隊進攻安納托利亞腹地。協約國列強逼迫土耳其蘇丹政府在 8 月簽訂《塞夫爾條約》。土耳其人民拒絕接受《塞夫爾和約》，對外國干涉軍進行英勇抵抗。

凱末爾政府在 1921 年與蘇俄簽訂友好條約。依靠人民支持和蘇俄援助，土耳其屢屢擊敗外國干涉軍。還利用協約國列強之間的矛盾，與義大利、法國簽訂協定，爭取他們同意從土耳其領土上撤軍。

在凱末爾的領導下，土耳其國民軍和農民游擊隊在極其艱苦的條件下抗擊英國、希臘等國的侵略軍。

1922 年 8 月，土耳其國民軍發動總反攻，擊潰希臘侵略軍，在 9 月間收復伊茲梅爾並進軍伊斯坦布爾，蘇丹乘英國軍艦逃往馬其他島。

11 月 1 日，大國民議會廢除了蘇丹制度。1923 年 7 月，土耳其與協約國在瑞士洛桑簽訂和約，廢除《塞夫爾條約》中的一些不平等條款，保持了土耳其疆土的完整。外國的財政監督和領事裁判權都被解除。至此，土耳其的獨立獲得國際上的承認。

1923 年 10 月 29 日，土耳其大國民議會宣布土耳其共和國成立。凱末爾當選為首任總統。新政府一成立就著手處理一些重大的政治事務，以鞏固新生的共和國。

1924 年 3 月 4 日，大國民議會通過了廢除哈里發制度的決議。1924 年 3 月，撤銷了宗教與宗教基金事務部，封閉了伊斯蘭教會學校，廢除伊斯蘭教法院，並籌備制訂新法典。

最為重要的是，土耳其於 1924 年 4 月 20 日頒布了第一部共和國憲法，新憲法不僅從根本上確定了國家的共和國體制，完成了國家權力的劃分，同時賦予人民參政、議政的權利。

土耳其新政府實行了一系列資產階級性質的民主改革，如發展民族經濟；廢除伊斯蘭教主制度，實行政教分離；以

資產階級的民法和刑法代替伊斯蘭教法規；擴大世俗教育；給予婦女在選舉、教育和就業方面以一定的平等權利，廢除陋習等。

後來，凱末爾領導的土耳其共和黨的黨綱，把凱末爾主義概括為 6 項原則：「共和主義」、「民族主義」、「平民主義」、「國家主義」、「世俗主義」和「改革主義」，但沒有從根本上解決封建土地所有制問題。從總體來說，凱末爾革命造成了振興土耳其的作用。

在鄂圖曼帝國的廢墟上，土耳其完成了資產階級民族民主革命，建立了新的民族國家。它是第一次世界大戰後由資產階級領導的民族解放運動贏得勝利的一種模式的典型代表。

北非民族的解放抗爭

第一次世界大戰後，非洲各地，主要是北非開始興起民族解放運動。其中尤以 1919 年至 1922 年埃及反英起義的規模和影響最大。

英國在 1914 年 12 月以土耳其加入同盟國對英作戰為藉口，宣布取消鄂圖曼帝國對埃及的宗主權，將埃及作為它的「保護國」，對埃及進行掠奪和壓榨。

1918 年 11 月 13 日，埃及民族運動領導人會見英國高級

專員，提出准許埃及完全獨立的要求。

他們在當天組成 7 人代表團，準備前往倫敦與英國談判。代表團起草了一份「委任書」，謀求人民認可他們作為民族的代表同英國談判獨立問題，在至 11 月 23 日的 10 天之內，即徵得 10 萬人簽名。

英國不僅堅決拒絕代表團的要求，而且還以殘酷的手段鎮壓代表團發起的抗議運動，逮捕和流放代表團的領袖人物。

1919 年 3 月 9 日，開羅高等學校學生舉行遊行示威，有 300 名學生被捕。隨後兩天，更多的學生參加示威，工人舉行大規模罷工，工人，學生在行進中與警察發生了大規模衝突。

從 3 月 14 日起，反英抗爭的浪潮席捲全國，埃及城市廣大人民群眾自發進行武裝起義。幾乎在一個月的時間內，埃及國家機關陷於癱瘓。殖民當局無法恢復控制，被迫於 4 月 8 日釋放代表團的代表。

1919 年 12 月，英國派出特別代表團赴埃及調查「三月起義」原因，尋求維護其利益的解決方案。代表團在 1920 年 8 月提出一項名義上取消保護制度，實際上保留英國占領的條約草案。

這個草案公布後，再次引起埃及各階層憤怒抗議的風暴，並致使談判破裂。

1921 年 4 月，一大批人退出代表團，主張與英國妥協。其主要領導人仍堅持抗爭，擴大新的成員。

同年 12 月，殖民當局又將代表團領袖人物逮捕流放，引起開羅、亞歷山大和其他一些城市起義，但農民沒有參加這次起義。由於代表團的分裂，起義規模小於「三月起義」，而且英方事先早有準備，迅速將起義隊伍鎮壓下去。

英國已不可能再像以前那樣統治埃及。1922 年 2 月 28 日，被迫宣布取消對埃及的「保護」，單方面承認埃及獨立，同時附有英國有權在蘇伊士運河區駐軍等 4 項保留條件。

儘管附有種種限制，埃及人民的抗爭畢竟贏得了英國殖民者的一定讓步，同意承認埃及在形式上的獨立。

1923 年，英國准許被流放的代表團領袖返回埃及。代表團成員在議會選舉中獲得總共 215 席中的 188 席。1924 年 1 月，組成埃及第一個民族政府。

阿根廷民眾的罷工抗爭

在拉丁美洲，第一次世界大戰以後，巴西、智利、祕魯、墨西哥和古巴等國，都有過規模不等的工農革命抗爭。其中以阿根廷的 1919 年布宜諾斯艾利斯起義最為壯烈。

布宜諾斯艾利斯，位於拉普拉塔河西岸，是阿根廷首都和聯邦區所在地，市區為一條從港口流向西南方的小河及環城公

路環抱，同附近的 22 個小城鎮組成大布宜諾斯艾利斯市。

　　歷史上布宜諾斯艾利斯是阿根廷崇尚自由和自由貿易理念的首善之區，特別是與宣揚保守天主教方法治國的西北地方相比而言。19 世紀，阿根廷關於集權者和聯邦者爆發的衝突大多數源於以上分歧。

　　19 世紀，布宜諾斯艾利斯遭到兩次海軍封鎖。1838 年至 1840 年遭法國包圍，1845 年至 1848 年遭英法聯合遠征軍封鎖，兩次妄圖使布市屈服的包圍均以失敗告終，外國列強也放棄了其要求。

　　1852 年，阿根廷聯邦派領袖烏爾基薩推翻了獨裁統治者布宜諾斯艾利斯省武裝部隊司令羅薩斯，並主持召開聖菲制憲會議。1853 年 5 月 1 日，制定阿根廷國家憲法，建立了阿根廷邦聯共和國。

　　1854 年 2 月，烏爾基薩被選為阿根廷邦聯總統，不久把首都遷往巴拉那。布宜諾斯艾利斯集權派拒絕承認巴拉那政權，於是阿根廷出現兩個政權並存的局面。

　　1861 年，集權派首領巴托洛梅·米特雷率軍打敗烏爾基薩。次年，米特雷當選為總統，宣布布宜諾斯艾利斯為臨時首都，阿根廷正式成為統一國家。

　　1880 年 9 月，布宜諾斯艾利斯被定為共和國永久首都。19 世紀中葉以後，在薩米恩托總統的鼓勵下，歐洲大批移民

抵阿根廷。英國勢力開始在阿根廷經濟中占據重要地位。

1920 年代，布宜諾斯艾利斯是歐洲、阿根廷其他地區和周邊國家移民者首先的目的地。

在米特雷之後的薩米恩托和阿維利亞內達執政時期，實行旨在發展經濟、文化和教育的一系列改革，使阿根廷經濟在各方面都獲得了一定的起色。

然而，阿根廷的獨立並未給國家帶來安全與穩定。對外與巴拉圭的戰爭，對內與印第安人就土地資源的爭奪，使得戰火不斷。

與此同時，英國資本開始大量侵入阿根廷。他們修建鐵路，興建農場和牧場，到 1909 年，英國在阿根廷的投資已達 80 多億法郎。

由於受 1920 年代經濟危機影響，大批農場主和農民移遷到都會區外圍，造就了第一批貧民窟，加劇了社會矛盾，和阿根廷作為富裕之地的形象形成反差。

阿根廷的民族經濟在第一次世界大戰期間有所發展。戰爭結束以後，世界市場對阿根廷糧食和農業原料的需求急劇下降，加上激烈的國際競爭，阿根廷經濟狀況大為惡化。

資產階級、地主和外國壟斷資本以削減薪資、增加賦稅、降低勞動人民生活水準的辦法，補償它們利潤的損失，引起工人罷工抗爭的高漲。

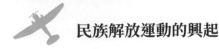

1918 年至 1921 年間，阿根廷工人發動 860 次大罷工，參加者達 700 多萬人次。1919 年 1 月初，布宜諾斯艾利斯工人舉行罷工時，遭到英國華森公司冶金廠資方僱傭的暴徒的槍殺。1 月 7 日，又一家工廠舉行工人集會時，遭到警察開槍鎮壓。

9 日，布宜諾斯艾利斯爆發全市總罷工，20 萬工人為死難戰友舉行葬禮，送葬隊伍又遭軍警射擊。工人壓抑在心中的怒火徹底爆發了。他們奪取軍火庫的武器，構築街壘，同軍警展開了激烈的巷戰，將其打得抱頭鼠竄，罷工的隊伍獲得了勝利，控制該市好幾天。

後來，軍隊調來大砲轟炸工人們占領的地方，炸毀了街壘，拘捕了罷工工人，起義於 1 月 15 日被殘酷鎮壓，死難達數千人。這一慘案在阿根廷歷史上被稱為「流血周」。

在阿根廷中部和南部一些省分，1919 年至 1921 年間工人也展開罷工抗爭，要求提高薪資，改善勞動條件。有的地方還舉行了起義。

德義日法西斯的產生

法西斯奪取義大利政權

　　法西斯主義是一種威權的極端民族主義形式。其特點是對國家領導的個人崇拜、重視國家意識形態的宣傳，公共機構擁有過度的公權力，強大的社會和經濟統一執行力，以及強制鎮壓反對意見。法西斯主義在 20 世紀初的歐洲政治中有著顯著的地位。第一次法西斯運動在第一次世界大戰期間的義大利王國出現，由貝尼托·墨索里尼創建，也是法西斯革命黨（他日後執政的國家法西斯黨的前身）的創始人，然後傳播到其他歐洲國家。法西斯主義反對馬克思主義（共產主義）、無政府主義、自由主義以及民主主義，因此被放置在傳統左右翼政治光譜中的極右翼。

　　義大利是後起的帝國主義，其經濟遠遠落後於歐美主要資本主義國家。1920 年至 1921 年，義大利爆發經濟危機，許多大公司，包括一些大壟斷集團，因無力克服而破產。

　　經濟危機引發革命危機。面對工農革命運動大有奪取政權的趨勢，統治階級驚恐不安。他們竭力要尋求一個強有力的政府和鐵腕人物來維持其統治。在這種背景下，法西斯主義開始在義大利興起、泛濫，並掌握軍政大權。

　　第一次世界大戰結束後，義大利作為戰勝國之一，派代表團出席了巴黎和會，要求兌現倫敦條約對義大利的許諾。

　　但是，英法美三國不願看到義大利在地中海和巴爾幹勢

力的加強，拒絕把之前所許諾的領土交給義大利。這一消息傳到義大利，引起各階層的極大不滿與憤慨，義大利人都認為受到了愚弄。

當義大利政府同意在和平條約上簽字時，激起了民族主義者的憤怒。其中墨索里尼和鄧南遮表現得最為突出。墨索里尼提出，要嘛修改《凡爾賽條約》，要不就進行新的戰爭；鄧南遮宣稱，不論是根據神聖權利還是根據人類法律，達爾馬提亞都是屬於義大利的，它過去是我們的，今後也將屬於我們。

義大利各階層紛紛指責政府軟弱無能，希望有一個強有力的政府採取軍事行動，兌現英法美三國對義大利的領土許諾。正是這股狂熱的民族主義情緒，為法西斯主義在義大利「生根發芽」創造了環境和條件。

其實，早在 10 月，工團主義代表人物比昂基就在米蘭建立了第一個法西斯組織 —— 國際行動革命法西斯。

同年 10 月，墨索里尼也參加了該組織，並於 1915 年 1 月將該組織改名為「革命干涉行動法西斯」。第一次世界大戰結束後，墨索里尼與退伍軍人協會領導人韋基和工團主義領導人比昂基等人商定，重建法西斯組織。

1919 年 3 月，墨索里尼組織的「戰鬥的法西斯」宣告成立。此後，它極力擴大其在退伍軍人、工人和其他小資產階級分子中的影響。

德義日法西斯的產生

　　為了爭取知識分子和民族主義者，它站在領土收復主義的立場，聯合反動文人和國家主義黨，多次舉行聲勢浩大的集會與遊行，反對「放棄主義」，要求「巴黎和會」兌現對義大利的領土許諾，無條件兼併毗鄰的阜姆和把達爾馬提亞的城市劃歸義大利。

　　戰鬥的法西斯成立後，顯然聲勢浩大，但影響甚微。在1919年11月義大利大選中，法西斯分子無一人當選。在米蘭地區參加競選的墨索里尼得票最多，也只有1,064票。

　　競選失敗，使法西斯分子失去信心，許多人相繼拋棄這個組織。至1919年12月，義大利法西斯成員不足1,000人。

　　與此同時，法西斯集團發生了更大的危機 —— 分裂為兩大派：一派以墨索里尼為首，被稱為「城市法西斯」；另一派以羅伯托・法里納奇、伊塔洛・巴爾博和迪諾・格蘭迪為首，被稱為「農村法西斯」。

　　農村法西斯成員主要以退伍軍人為主。第一次世界大戰期間，義大利的士兵主要來自農村，而且其中絕大多數是無地或少地的農民，政府為了吸引這些人當兵，許諾退役後分給土地。

　　1918年年底戰爭結束後，政府即宣布解除動員令，有100多萬士兵退出現役。當這些人滿懷即將獲得土地的喜悅心情從前線回到故鄉時，不僅未得到土地和所企盼的工作，

而且遭到從第一次世界大戰開始就反對參戰的社會黨的粗暴對待和歧視。

在痛苦和絕望之餘，他們組織起來，要求獲得土地，有的地區發起了占地抗爭。至 1920 年 4 月 15 日，退伍軍人和農民已占領了 191 戶貴族和大地主的 217 萬公頃的土地。

農村法西斯領袖為了把這部分人拉入集團之中增加影響，公開支持退伍軍人和農民的土地要求，提出「給農民以土地」和「耕者有其田」的口號，並挑撥農民與社會黨的關係。透過這些欺騙性的宣傳，法西斯運動迅速在農村中發展起來。

農村法西斯成立法西斯行動隊，進行恐怖暴力活動，大批佃農、僱農均被迫參加法西斯行動隊。他們占據了除克雷莫納、帕爾馬和羅馬尼阿以外的整個波河流域和義大利北部的威尼斯米利亞地區，以及亞歷山大里亞省和諾瓦拉、托斯卡納、翁布里亞、普利亞省的一部分。

根據農村法西斯運動的成功經驗，城市法西斯領導者認為，法西斯主義只有透過暴力才能奪取政權。用墨索里尼本人的話說就是：

> 現實告訴我們必須拿起武器，而不能手無寸鐵；必須組建自己的隊伍，而不能靠在廣場上集合那些烏合之眾。

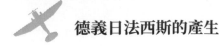

德義日法西斯的產生

正是基於這種思想，1920 年 5 月 24 日，「戰鬥的法西斯」第二次全國代表大會在米蘭召開，以墨索里尼為首的城市法西斯領袖制定了一個轉向右翼的新綱領，公開宣布把暴力作為行動準則。而且根據這個綱領，城市法西斯也建立起武裝行動隊。因此，儘管法西斯集團分裂成兩派，但從本質上看毫無差別。

法西斯運動若想取勝，必須爭取統治階級和各權勢集團的信任和支持。為此，墨索里尼尋找各種機會取悅新老政客、壟斷資本、封建地主和王室。

1920 年 6 月 15 日，喬利蒂接替尼蒂擔任義大利王國首相，發表了一個以鎮壓革命運動為根本宗旨的施政聲明。

6 月 25 日，墨索里尼在義大利《人民報》上發表署名文章，聲稱喬利蒂的聲明「與法西斯新綱領的基本要點完全一致」，並為其追隨者發表一份宣言：

> 滿 18 歲以上者有選舉權；婦女有選舉權；比例代表制；地方政府自治權；公民復決權；解散議會和政警部隊；沒收教會財產；禁止股票市場上的投機買賣；55 歲退休；8 小時工作制；法定了低限度薪資；戰爭利潤上升到 85％者，收資本累進稅。

1920 年 8 月末至 9 月初，當義大利全國 60 萬工人占領工廠時，墨索里尼親自跑到米蘭市長魯西尼奧利的辦公室，向

他保證：「法西斯主義者和民族主義者下定決心，將使用包括更加猛烈手段在內的一切手段，去反對將使義大利毀滅的各極端黨派的暴行和制止工會組織的騷亂。」

隨後，法西斯白色恐怖籠罩整個義大利。全國各地暴力事件接連發生，許多城市陷入混亂之中。

1920 年 11 月 21 日，當在波洛尼亞市議會選舉中獲勝的社會黨人組成的新政府舉行典禮時，數百名法西斯暴徒衝進會場，砸毀舉行就職儀式的現場。而王國政府視而不見，不予追究，結果使法西斯分子有恃無恐，暴力行動日益增多。

僅 1921 年的 6 個月，法西斯行動隊在全國採取的規模較大的暴力行動就有 726 起，他們破壞、搗毀社會黨和共產黨的支部與俱樂部，以及許多左翼的出版社和報社，並以暴力威脅，逼迫左翼市長和議員辭職。

法西斯的這些行動大得統治階級的歡心，法西斯運動藉機迅速發展起來。至 1921 年的下半年，法西斯行動隊基本上已把威尼斯朱利亞、威尼托區以及克雷莫納、帕爾馬和羅馬尼阿等地區的社會黨市、鎮、村政權組織和工農群眾組織全部搗毀，這些地區大部分村鎮均已控制在法西斯手中。

墨索里尼對自己的成就欣喜若狂，認為他自 1914 年以來一直盼望的時刻已經到來，決心取代原有統治集團，掌握國家大權，在義大利建立法西斯極權統治。

德義日法西斯的產生

　　1921 年 11 月 7 日，「戰鬥的法西斯」在羅馬舉行第三次全國代表大會。大會將「戰鬥的法西斯」更名為「義大利國家法西斯黨」，選舉墨索里尼為領袖，比昂基為總書記，決定以古羅馬的「棒束」標誌為黨徽。

　　大會通過了新的黨綱，規定國家法西斯黨要以極權主義國家觀為指導：

> 　　對內實行勞資合作，建立職團，把職團作為民族團結的體現和發展生產的工具，使國民的所有活動均在職團國家中反映出來。對外，奪取地中海和海外的義大利殖民地，實現自己歷史上的和地理上的完全統一，行使地中海拉丁文明之堡壘的職能，使義大利恢復民族國家的聲譽。

　　為了奪取國家政權，進而實現綱領所規定的目標，墨索里尼首先是加緊擴充法西斯武裝。他在法西斯黨更名的當月，即指示比昂基以中央書記處的名義下令，黨的支部同當地的法西斯行動隊合併，組成法西斯武裝戰鬥隊。並明確規定，自 1921 年 11 月 15 日起，法西斯分子要無一例外地參加戰鬥隊。

　　同年 12 月 15 日，墨索里尼將法西斯行動隊司令部解散，免去一向與其爭權的馬爾西克的行動隊司令的職務，任命巴爾博、德‧博諾和德‧韋基 3 人組織「法西斯軍事總指揮

部」，統一指揮法西斯戰鬥隊。

戰鬥隊的組織序列為：總指揮部、地區指揮部、軍團、聯隊、戰鬥隊。這種編制使墨索里尼得以全面控製法西斯武裝，為他進一步擴充法西斯戰鬥隊和把法西斯分子在全國各地採取的暴力恐怖行動都置於自己的直接控制之下創造了條件。

新建的戰鬥隊，對退伍軍人和沒有機會參加第一次世界大戰的青年人具有很大的吸引力，他們紛紛參加，使國家法西斯黨的人數急劇增加。

在短短兩年多的時間裡，法西斯運動不僅從一支微不足道的力量一躍而為全國第一大黨，而且建立起一支打手隊伍，其數量幾乎等於義大利國家正規軍、憲兵和皇家衛隊的人數總和。

經過幾個月的擴充武裝和軍事準備後，墨索里尼開始奪取地方政權。他首先以捍衛法律和秩序為名，下令法西斯戰鬥隊在國家邊遠地區和法西斯勢力占優勢的地方奪取該地方政權。

其使用的手法是，先暗中挑動失業者舉行示威，法西斯分子趁機製造暴力恐怖事件，造成局勢混亂，然後命令戰鬥隊採取行動奪取當地的政權。他們就是用這種辦法，連續奪取了 10 餘座城市及其所屬鄉鎮的政權。

德義日法西斯的產生

　　如果說在奪取地方政權的初期，法西斯分子還以法律和秩序的捍衛者的面目出現的話，那麼，當奪取了為數可觀的地方政權和控制了大片農村地區之後，他們就把這一切假面具摘掉，公開宣布要奪取國家政權。

　　1922 年 6 月，墨索里尼在一篇文章中預言，「法西斯起義是不可避免的」。此後，他喋喋不休地叫嚷：「存在著向羅馬進軍的可能性」和「馬上奪取政權」等。

　　7 月，當他得知勞動同盟決定於 8 月 1 日舉行總罷工時，便藉機公開向王國政府發難，限它在 48 小時之內把罷工鎮壓下去，否則法西斯黨將採取行動「替政府行事」。

　　與此同時，他通知法西斯黨各省省委，「在 48 小時過後，如果罷工還不停止，法西斯分子就要向各自所在省政府發動進攻，並予以占領」。由於法西斯黨的破壞，總罷工於 8 月 5 日失敗。

　　事後，王國政府未對法西斯的挑釁行動做出應有的反應，使得法西斯的氣焰更加囂張。9 月底，當時已實行自治的上阿迪傑試圖從義大利分裂出去，併入奧地利。義大利輿論對此反應強烈，希望制止這一分裂企圖，而政府卻顯得無能為力。

　　墨索里尼在以鄧南遮為代表的民族主義分子的支持下，決定把代替政府鎮壓上阿迪傑出現的親奧地利的分裂主義傾

向，作為向羅馬進軍的序曲。

於是，他命令法西斯戰鬥隊分別於 10 月 1 日和 5 日先後攻占了地處上阿迪傑的博爾扎諾和特倫托，趕跑了省長與市長，解散城市衛隊，宣布了上阿迪傑義大利化的措施。

這一行動，使法西斯贏得了具有強烈民族主義情緒的中小資產階級的廣泛支持。而羅馬政府對法西斯的行動無可奈何，只得予以同意和批准。這無形中加快了法西斯奪取國家政權的步伐。

至 1922 年 10 月，國家法西斯黨已在義大利許多地方獲得政權，奪取全國政權的時機漸趨成熟。10 月 16 日，墨索里尼在米蘭主持召開法西斯領導集團會議，決定採取行動，奪取全國政權，並成立法西斯 4 人領導小組，具體籌劃行動計劃。

10 月 18 日，法西斯 4 人領導小組在博迪蓋拉開會，商討制訂「向羅馬進軍」計劃問題。10 月 20 日至 21 日，4 人領導小組在佛羅倫薩舉行會議，最後製訂出包括以下 5 點內容的《法西斯起義計劃》：

> 一是進行總動員，以占領全國各大城市的公共建築物。二是黑衫隊員在桑塔·馬里奈拉、佩魯賈、蒂沃裡、蒙泰羅東多和沃爾圖諾集中。三是向法克塔政府發出最後通牒，要其交出國家的全部權力。四是進駐羅馬，不惜一切代價占領內閣各部。如果失敗，法西斯民兵就撤向有大量後備力量的義大利中部地區。

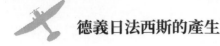

德義日法西斯的產生

　　五是在義大利中部的某一城市建立法西斯政府，迅速調集帕達納地區的黑衫隊員，重新向羅馬發起進攻，直至取得勝利，占領羅馬為止。

　　該計劃還規定，黑衫隊在羅馬遭到國民軍的阻擊，博塔伊縱隊就包圍聖·洛倫佐區，從蒂布爾蒂納門和馬其奧萊門攻入；伊利奧裡縱隊隨法拉從薩卡拉門和比亞門攻入；佩羅內縱隊從特拉斯特維萊攻入。這個奪取全國政權的計劃，很快即得到墨索里尼的批准。

　　1922 年 10 月 24 日，約 4 萬名身著黑衫的法西斯分子在那不勒斯舉行向羅馬進軍的「誓師」會，墨索里尼在會上講話，提出「要把法西斯黨變成政府」。

　　他說：

　　要嘛把政府交給我們，要麼我們去羅馬奪取政府。這是幾天之內，也許是幾個小時之內的事。我向你們保證和發誓，如果需要，我就下達這一命令。

　　在墨索里尼講這番話的時候，法西斯分子不時地狂呼高叫：「到羅馬去！到羅馬去！」

　　當天晚上，墨索里尼召集法西斯 4 人領導小組成員在那不勒斯的一家旅館舉行祕密會議，確定奪權的時間、目標和具體行動方案。

　　墨索里尼提出 10 月 27 日進行總動員，同時下達占領各

省、市政府機關、警察局、郵電局、廣播電臺和報社的命令，然後戰鬥隊按預定的計劃進行集結，分三路向羅馬進軍，企圖奪取政權，建立新政府。

1922 年 10 月 27 日，從那不勒斯遷至佩魯賈的法西斯總指揮部發表了《法西斯四人領導小組宣言》，命令法西斯戰鬥隊自「即日起全體動員」，「向羅馬進軍，使羅馬恢復昔日的光榮」。宣言呼籲軍隊「不要參加這場抗爭」，申明法西斯分子「對軍隊懷有最崇高的敬意」；聲稱，法西斯向羅馬進軍的目的「只是賦予國家一種紀律，對發展國家經濟、增加國家福利的各種力量以支持」。

當日深夜，由法西斯戰鬥隊隊員組成的「進軍」隊伍分三路向羅馬進發。他們的武器裝備很差，沒有大砲，只有來福槍、滑膛槍、左輪手槍和少量老式機槍，甚至許多人手裡拿的還是棍棒。

他們不但紀律鬆弛，而且毫無作戰經驗。而擁有現代化裝備的國民軍則非常強大。只要政府軍隊採取行動，這支法西斯武裝是不堪一擊的。

但是，墨索里尼得到了壟斷資本家的支持。總部設在米蘭的義大利工業家聯合會、農場主聯合會和銀行家聯合會等機構的領導人都致電羅馬，要求任命墨索里尼為首相。工業家聯合會主席、電氣工業巨頭孔蒂和《晚郵報》主編，甚至

向國王發出同樣要求的電報。

執政的自由黨和人民黨等黨派的一些地方組織紛紛致電羅馬，要求它們的中央領導機構不失時機地幫助墨索里尼組成政府和同意參加這個政府。

王室中頗具影響的人物達奧斯塔公爵、德·卡皮塔尼侯爵和貢扎加親王等也持此種態度。尤其是達奧斯塔公爵公開表示，如果國王反對法西斯上臺，他將親自行動謀取王位。

由於上述壓力，國王埃馬努埃萊三世於 10 月 29 日決定授權墨索里尼組成新政府。

10 月 31 日，第一屆法西斯政府內閣組成，墨索里尼任首相兼內政大臣和外交大臣。另外還有 3 名法西斯分子阿爾貝托·德·斯特法尼、阿爾多·奧維利奧和喬瓦尼·朱利亞蒂分別任財政、司法和被解放的土地大臣。在 18 名副大臣中，法西斯黨占 9 名。

11 月 16 日，新政府全體成員出席議會，墨索里尼發表施政演說。最後，議會以 306 票贊成、116 票反對，通過了對政府的信任案。只有社會黨人抵制這屆新政府及其執政方式。就這樣，世界上第一個法西斯政權正式誕生了。

為了博取統治階級在政治上對法西斯政權的廣泛支持，墨索里尼在 1922 年 11 月 1 日由其主持召開的第一次內閣會議上，把統治階級所關心的殖民地和經濟政策等問題作為中

心議題。

　　會議決定，在的黎波里塔尼亞和昔蘭尼加採取更加有力的行動，鎮壓利比亞人民的抗意運動和「把公用事業重新交給私人企業」；宣布取消在工業生產方面的各種限制，廢除股票記名法等。

　　會後，墨索里尼會見義大利實業界的頭面人物，親自告訴他們，法西斯政府將實施「新經濟進程」。其中包括：「大力壓縮政府的經費開支，使大量資金得以用於工業投資」；取消戰時和戰後歷屆政府對大工業的一切約束，降低直接稅，撥款 20 億里拉，對那些瀕臨破產的大公司予以資助。

　　與此同時，為表明其放棄反對君主制和反教權立場，墨索里尼派人向封建殘餘勢力的權勢人物保證，法西斯政府將停止實施《農業改革法》，取消對地租的限制和下令廢除占領荒地合法化的法令。

　　墨索里尼採取的這一系列舉動，不僅消除了權勢集團對他的戒心，而且使他們將他視為自身利益的維護者，因而增加了對他的信任。

　　1922 年 12 月，眾議院批准授予他為期一年的「執政全權」，以恢復國家秩序。墨索里尼在取得為期一年的獨裁權後，採取的第一個行動是下令解散國民軍以外的所有武裝，建立法西斯民兵。

德義日法西斯的產生

1923 年 1 月，墨索里尼逼迫內閣同意解散包括法西斯戰鬥隊在內的所有黨派武裝，藉以取締社會黨的赤衛軍，以及由 4 萬人組成的皇家衛隊。隨後，他又以社會主義「危險尚未消除」為藉口，迫使國王批准其建立國家安全志願民兵。

其目的是剝奪法西斯黨內可能與其爭權者的軍事領導權，把法西斯戰鬥隊改編成由他親自控制的武裝，作為他控製法西斯黨和對付反對派的工具。用他本人的話說，這支由 30 萬人組成的武裝「不僅使法西斯政權具有威力，而且也掌握著一支龐大的後備力量」。

在解散黨派武裝和建立國家安全志願民兵的同時，墨索里尼加緊推進與國家主義黨合併的步伐。他認為這是法西斯政權能否鞏固的關鍵因素之一。

因為，以極端民族主義作為其政治綱領的國家主義黨，不僅在南方各省中有廣泛的追隨者與支持者，而且得到王室、封建殘餘勢力，乃至軍隊的強有力支持。該黨領導人費德爾佐尼和科拉迪尼等人深得國王維托里奧·埃馬努埃萊三世的恩寵。

經過近 3 個月的談判，兩黨代表於 1923 年 2 月簽署合併協議。自此，國家主義黨黨員集體加入法西斯黨，成為該黨勢力較強的民族法西斯主義派，它的極端民族主義思想對法西斯黨產生了很大影響。

1924 年 4 月，義大利舉行大選。

在選舉之前和選舉過程中，法西斯黨公然踐踏公民權利，破壞選舉規則，採用各種強暴行為和弄虛作假手段。大選那天，法西斯分子控制了所有投票站，以暴力阻止各反對黨的代表就位監督投票。

一般選民，則 3 人一組集體投票。凡被發現未投法西斯候選人票者，次日即予制裁，或剝奪其工作，或進行人身迫害。

共產黨和各個社會黨的黨員、其他黨派的著名反法西斯主義者及其支持者，一經發現，即強行阻止投票，沒收他們的選民證，由法西斯分子冒名投票。在廣大農村，文盲均由法西斯分子代替其填寫選票。在許多地方還偽造選舉結果。

總之，法西斯黨靠暴力取得了這次大選的「勝利」，獲得了 65% 的選票。

大選結束後，為防止義大利共產黨和社會黨聯合其他反對黨抗議法西斯黨在選舉中的營私舞弊暴行，墨索里尼於 4 月 9 日指使法西斯暴徒搗毀意共和社會黨的羅馬總部。

1924 年 5 月 30 日，新議會舉行會議，墨索里尼提出對選舉中非法行為的指控不列入議事日程，並要求全體議員一致通過他的提議。

當日，義大利統一社會黨總書記、議會中反對派領袖賈

科莫・馬泰奧蒂即席發表了講話,用大量事實詳細披露了法西斯黨在選舉中施用暴力和欺騙手段的卑劣行徑。

他講道:「政府多數派雖然名義上獲得了 400 萬張選票,但我們知道,這是由於可怕的暴行的結果。」他還匿名寫了一本書,記錄法西斯黨執政一年多的大量暴行。

墨索里尼決定剷除馬泰奧蒂,他對下屬說:「像馬泰奧蒂這樣的對手就得拔出手槍對付。」於是他的心腹大將菲利普・馬里納利和切薩雷・羅西下令殺害馬泰奧蒂。

職業殺手杜米尼和普塔托於 1924 年 6 月 10 日在馬泰奧蒂家中將其綁架,然後拖到候在門口的汽車裡加以殺害,又把屍體運到鄉下埋掉。

事情敗露之後,全國人民極為憤慨。議會中所有反對派議員 150 人退出議會組成阿文廷派,宣布除非把案件查清並證明與政府無關,否則他們絕不返回議會,並要求國王免去墨索里尼的首相職務,解散法西斯民團,停止其暴行。法西斯黨也亂作一團,陷入癱瘓狀態。

為了擺脫危機,墨索里尼一方面千方百計否認和掩飾他與案件的關聯,同時不得不強迫其親信辭去警察總監和民團總司令之職,免去馬里納利和羅西的職務並予以逮捕,授意另外 4 名法西斯分子辭去大臣職務,又把凶手逮捕入獄。

對反對派,墨索里尼則軟硬兼施,揚言要用武力鎮壓阿

文廷派，又利用自由黨害怕社會黨執政的心理支持自由黨，既震懾又分化了阿文廷派。

此後，墨索里尼對反法西斯的民主力量進行瘋狂鎮壓。

1924 年 12 月 30 日，法西斯政府內閣作出決議：要採取「一切必要的措施來保護國家的，也就是法西斯主義的、道義的和物質的利益」，決心「把中央政府中的那些違背法西斯主義的人趕下臺」，強迫阿文廷派投降，讓議會服從法西斯黨統治。

次日，內政大臣費德爾佐尼即下令查封反對黨的報紙，一些派別領導人在報上發表文章，公開叫嚷「對反對派採取斷然行動」。

1925 年 1 月 2 日，墨索里尼主持召開政府內閣會議，逼迫內閣授權他採取一切必要措施，維護國家的道德和物資利益。

3 日，墨索里尼在議會發表了代表著法西斯黨徹底拋棄國家憲政和議會民主、以暴力推行一黨專政的講話。

當日，墨索里尼宣布其個人對馬泰奧蒂案負責，並要求原任內閣部長辭職。但是在當天組成的新內閣名單中，僅有原任的自由派部長沙羅奇和卡沙提被革名，其餘均予留任，不過約有 20 多名自由派議員投票反對新內閣。

1 月 5 日，義大利首相墨索里尼開始採取行動，以對抗反

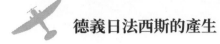

德義日法西斯的產生

對法西斯主義的議院議員及在野人士。在這次行動中，墨索里尼密令義大利警察搜查反對者的寓所，扣留一切文件，關閉會議場所，並且解散所有的政治團體，包括義大利自由共和派在內。另外還查封被指控為報導「錯誤消息」的報紙，並逮捕記者。

1月6日，內政大臣在內閣會議上報告說，3天來有被懷疑的團體的俱樂部被查封，公共團體、「顛覆性」機構和「自由義大利」小組被解散；重要的「危險分子」被逮捕。其中，主要是共產黨人，但也包括社會黨人和一些其他反對黨領導人。他還說，各地的行政長官「毫不猶豫地使用其被賦予的權力」。

1925年5月，法西斯政府頒布《反祕密團體法》取消了集會與結社自由。6月又頒布《新聞法》，取締了所謂的「顛覆性刊物」，控制了言論自由。

12月24日，頒布《政府首腦及閣員職責與特權法》，使墨索里尼只需對國王負責，無須對議會負責，從法律上為法西斯獨裁專制提供了保證。

1926年，又連續頒布了法西斯「政府有權在它認為緊急和絕對需要的情況下頒布具有法律效力的法律準則」的法令，規定市長改由中央政府任命的法令，確認法西斯工會為唯一合法工會的法令，以及《勞動職團法》、《國家防禦措施》、《勞動憲章》等法令。

1926 年 4 月 7 日，墨索里尼在羅馬主持外科醫生世界會議開幕典禮後，步出禮堂之際，突然有人發射 4 枚子彈。狙擊者是一名 62 歲的愛爾蘭婦女凡麗特·吉卜森，她剛從精神病院出院。

墨索里尼鼻子受傷。

雖然這次狙擊事件與政治背景無關，然而法西斯黨黨員乘機大力渲染，立即派人查封反對派人士所開辦的兩家報社。午後，墨索里尼立刻宣布要「對抗世界上的民主主義」，乘機向反對派宣戰。

10 月 7 日，義大利法西斯黨最高會議通過一項新黨章議案，將黨與國家合而為一，嚴厲禁止國內的其他政治團體干涉國家政權。同時，法西斯黨員的新誓言只向墨索里尼個人效忠。

11 月 9 日，法西斯政權公開宣布，終止各反對派議員的議員資格；11 月 11 日，宣布查封反對黨的所有報刊，廢除罷工權和建立流放委員會，用以「懲處那些從事或有跡象表明企圖用暴力顛覆國內建立起來的社會、經濟和國家秩序的人，以及毀壞法西斯和法西斯政權標誌與制服的人」。

隨後，於 11 月 26 日宣布取締所有反對黨。至此，墨索里尼以暴力恐怖為手段實現了一黨專政，從而確立了極權制。

1928 年 12 月，法西斯頒布了新的《選舉法》和《法西斯委員會權力法》。這兩個法令規定，法西斯委員會是國家的

德義日法西斯的產生

最高權力機關，它有權提出政府首腦各部大臣和議會議員的
人選，對國家的重大事件享有最高決定權，法西斯委員會主
席為政府首腦的當然人選。

1929 年 2 月 11 日，墨索里尼為謀求天主教會的支持，與
教皇十一世簽訂了《拉特蘭條約》。該條約規定：

> 義大利承認教皇在梵蒂岡的獨立主權，建立「梵蒂
> 岡城國」；義大利確認羅馬天主教為國教；保障梵蒂岡
> 的供水和服務設施，允許梵蒂岡火車和其他車輛在義大
> 利國土上行駛，為梵蒂岡提供與其他國家之間的電訊、
> 郵政等直接連繫的條件。
>
> 允許進出梵蒂岡的商品和人員使用義大利口岸和道
> 路；承認教皇和紅衣主教在義大利享有與義大利國王和
> 王族同等的榮譽；教皇承認義大利王國以羅馬為首都。

義大利承認教皇對梵蒂岡的絕對管轄權，承認梵蒂岡享
有治外法權，並賠償原教皇喪失的收入 17.5 億里拉；教皇同
意與義大利政府合作，並規定義大利天主教會必須效忠義大
利政府。

就這樣，墨索里尼以武力、立法等手段，集黨權、政
權、立法權、司法權和人事任免權於一身，成為國家「合
法」的主宰者，把整個國家和社會的所有領域，包括政治、
經濟、思想和文化等，都置於自己的獨裁統治之下。

納粹黨徒瘋狂控制德國

德國是在普魯士容克貴族的領導下,透過戰爭統一而迅速發展起來的。這導致了德國社會和政治生活中存在根深蒂固的軍國主義傳統和封建殘餘。

在德國政治生活中,普魯士王室與容克貴族占據顯赫的地位,容克貴族的政治代表德國皇帝掌握著政治、軍事、外交的最後決定權,容克貴族的經濟地位受到保護。

由於普魯士軍隊在德國統一中的特殊作用,使其在德國的政治結構與社會結構中占有極為重要的地位。德國極其崇尚武力,在歐洲沒有哪一個國家可以與其相比,軍隊幾乎成了「國中之國」,軍官團成了擁有特權的特殊社會階層,其成員基本上由貴族子弟組成。

德國統一後,迅速發展成為一個高度發達、高度壟斷的工業強國。資產階級雖在經濟上占據優勢,但在政治上卻難敵容克貴族。它既畏懼日益傾向革命的工人階級,又拜倒在容克貴族的腳下,在政治上從未形成一個在國內具有決定性影響的政黨,因而無力建立議會民主制的資產階級共和國。

1918 年,德軍在前線不斷潰敗,國內政局動盪。德國皇帝威廉二世慌忙於 9 月 30 日下詔改革。

10 月 3 日,具有自由主義色彩的巴登親王馬克斯擔任首相,組成了包括中央黨、進步黨和社會民主黨的國會制政

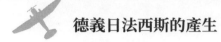

府。社會民主黨人謝德曼任內務大臣,鮑爾任勞工部長。隨後,新政府向美國表示願意結束戰爭。

但是,統治集團的這種讓步已經無法阻止革命的爆發。

在政府向協約國求和的時候,一慣堅持戰爭政策的海軍司令部於 1918 年 10 月下令遠洋艦隊出海與英國海軍決戰,如果不能取勝就「光榮地沉沒」。這種讓水兵送死的冒險行徑引起水兵的極大憤慨。

威廉港水兵拒絕起錨出海,軍艦上出現了反戰傳單。海軍司令部下令逮捕鬧事的水兵,並把第三艦隊從威廉港調往基爾港。

11 月 1 日夜,到達基爾的水兵舉行集會,討論如何阻止艦隊再次出海,並要求釋放被抓的同伴。

11 月 3 日下午,5,000 多名水兵在練兵場集合,要求結束戰爭,要求和平、自由和麵包。會後,水兵舉行遊行,基爾港的工人也加入了示威行列。當遊行隊伍到達卡爾大街時遭到政府軍警開槍鎮壓,死傷 30 餘人。示威者也開槍回擊,打響了反對帝國政權的第一槍。

11 月 4 日,起義的水兵和工人解除了反動軍官的武裝,占領了火車站等重要據點。奉命前來鎮壓的士兵也轉到起義者一邊。4 日晚,整個基爾已經掌握在新成立的蘇維埃人手中。

　　基爾起義震動了統治當局。馬克斯、謝德曼等人簽署呼籲書，要求水兵不要開始內戰。同時，派遣國會議員、社會民主黨人諾斯克去基爾恢復社會秩序。

　　諾斯克後來承認，他去基爾是想利用他同海軍的關係平息事件。但是，他「遇到的已不是罷工者，而是 30,000 名叛亂者」。

　　諾斯克見阻止起義已不可能，就轉而答應水兵提出的一部分要求，許諾改善供應，從而取得水兵信任，被選為基爾水兵蘇維埃主席。

　　基爾起義成為德國革命的開始。起義浪潮從北向南迅速擴展，漢堡、萊比錫、慕尼黑等城市相繼取得革命勝利，各個邦的君主諸侯都被趕下寶座。至 11 月 8 日，大城市中只剩下柏林仍在政府手中。

　　11 月 9 日，參加遊行示威的社會黨人擠滿了柏林大街。水兵嘩變，陸軍占領了指揮部，革命熱情支配著德國人民。

　　上午 11 時 30 分，德軍司令給總理官邸的電報通知說，威廉將立即退位。中午，德國總理、巴登親王宣布皇帝正式退位。12 時 30 分，柏林報紙大肆報導德國皇帝退位的消息。總理在辦公室接見社會民主黨領導人，並把權力移交給社會民主黨主席弗裡德里希·艾伯特。

　　下午 14 時，謝德曼站在總理官邸的窗前，向人群宣布成

立德國共和國。15 時，軍事司令部給總理官邸一封電報說：「為避免流血，威廉二世陛下願意放棄德國皇位，但絕不放棄普魯士國王頭銜。」

15 時 30 分，總理官邸給軍事司令部的電報說：「沒有必要再注意威廉二世的行蹤，因為他退位的消息已於午間宣布了。」

16 時，斯巴達克派黨領袖卡爾·李卜克內西宣布：「自由的社會主義德意志共和國誕生了。」

這時，德國反動分子也在積極地活動著，德國社會民主黨左派頭子艾伯特勾結資產階級，從皇室巴登親王的手裡接過權力，宣布成立「自由德意志共和國」，並組成了資產階級臨時政府。

在革命的緊急關頭，李卜克內西和盧森堡等人領導的社會民主黨左派斯巴達克團，成立了德國共產黨。他們兩人擔任了黨的領導工作，並創辦了《紅旗報》，同艾伯特為首的反動派展開了針鋒相對的抗爭。

德國共產黨向人民發出了戰鬥的口號：「全世界政權歸蘇維埃！」

1919 年 1 月，李卜克內西和盧森堡領導了柏林工人武裝起義。艾伯特政府調集來大批軍隊，進行血腥鎮壓。由於起義準備不夠充分，力量過於懸殊，起義最後失敗了。

　　反動政府開始了大屠殺。特務機關懸賞 10 萬馬克，高價懸賞李卜克內西和盧森堡的首級。軍警在全城展開搜捕。

　　由於叛徒告密，1 月 15 日，李卜克內西和盧森堡在避居的地下室裡被捕。

　　艾伯特不敢公開殺害兩位革命領袖，於是便策劃了一場卑鄙的謀殺事件。當晚，被打得遍體鱗傷的李卜克內西被押赴監獄。半路上，軍警將他推下車，從背後向他開了槍，之後造謠說他是在逃跑中被打死的。

　　不久，又殺害了盧森堡，並將他的屍體投入了蘭維爾運河。直至 5 月 31 日，才被人們找到。

　　德國工人將盧森堡埋葬在李卜克內西和另外 32 名被害工人的柏林弗裡德里希墓地。艾伯特臨時政府的血腥屠殺，更激起了全國工人的反抗。3 月間，柏林工人再次舉行總罷工，絲毫不屈服於臨時政府的血腥屠殺。

　　鎮壓了革命的艾伯特政府宣布德國為聯邦共和國，即威瑪共和國艾伯特出任總統。

　　但是，威瑪共和國的基礎十分薄弱，在《凡爾賽條約》的束縛下，存在著十分尖銳和複雜的經濟、政治和民族矛盾，社會危機四伏，政局動盪不安。

　　容克貴族的勢力沒有從根本上觸動，保守的政府執行機構與司法機構幾乎原封不動地保留下來，它們作為德國政治

生活中的右翼保守勢力，不斷威脅著威瑪共和國。

　　戰爭使德國經濟受到巨大破壞，同時也背上了戰爭賠款的沉重包袱，大批中小企業倒閉破產，失業者成千上萬，他們對現實強烈不滿，渴望改變現狀。正是在這種條件下，納粹運動在德國勃然興起。

　　1919 年 1 月，慕尼黑機車廠工人安東‧德雷克斯勒聯合報社記者卡爾‧哈勒創建了德國工人黨，即德國納粹黨的前身。同年，希特勒成為德國工人黨黨員，並成為該黨主席團第七位委員。

　　1920 年 2 月，他與德雷克斯勒合作起草了《二十五條綱領》。2 月 24 日，德國工人黨更名為「民族社會主義德意志工人黨」，《二十五條綱領》成為該黨正式的黨綱。

　　《二十五點綱領》利用德國人民對《凡爾賽條約》的不滿情緒，「要求一切德意志人在民族自決權的基礎上聯合成為一個大德意志帝國」，「廢除《凡爾賽條約》和《聖‧日耳曼和約》」。納粹黨的極端民族主義與種族主義緊密連繫在一起。

　　《二十五點綱領》公然宣傳泛日耳曼主義和反猶太主義，主張只有日耳曼血統的人才能成為德國公民，而非日耳曼血統的德國人不僅不能「享有決定國家領導和法律的權利」，而且無權住在德國，要在未來大一統的日耳曼國家裡清除所有的猶太人，以此煽動民族復仇主義。

希特勒為了吸收工人和下層群眾，發展納粹力量和開展納粹運動，在綱領中猛烈攻擊資本主義、托拉斯、大工業家和大地主，宣稱：

> 取締不勞而獲的收入，取締和沒收一切靠戰爭發財的非法所得，分享大工業利潤，將大百貨公司收歸國有，租給小商人。
>
> 納粹黨的小資產階級社會改革要求，對中下層群眾有一定的吸引力。一批退伍軍人、破產的中間階層、失意的知識分子和無業的流氓無產者，加入了納粹黨。

1920 年 3 月 12 日，在柏林，德國國防軍和志願軍對共和國發動進攻。晚上，他們在呂特維茨將軍和海軍少校艾爾哈特的率領下向柏林進發。

次日早晨，他們舉著黑、白、紅三色旗進入首都，占領了政府辦公區。東普魯士邦政府機關高級官員、地方總督沃夫岡・卡普是政變的領袖，他自封為德國首相。

在政變分子到達之前，政府官員逃到斯圖加特。

政變的原因是數月以來極右運動和民族主義分子與軍人勢力中一直有潛在的訴諸武力的情緒；另一方面，《凡爾賽條約》的簽訂使國防軍和民團陷入一種不穩定的狀況之中，也是導致政變的因素之一。

政府的解散令很自然地引起了軍隊的反抗。艾爾哈特的

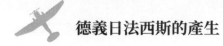

德義日法西斯的產生

海軍旅奉命在柏林附近集合，執行解散軍隊的任務，但他拒絕執行命令。這個做法得到柏林衛戍區司令呂特維茨的支持。

3月10日，呂特維茨向總統提出最後通牒性的政治要求。

第二天，國防部部長古斯塔夫‧諾斯克解除了呂特維茨的職務，並下令逮捕卡普和其他政變參與者。這個行動迫使國防軍提前行動，然而卡普和呂特維茨的政變準備工作並未就緒。

當政變分子開始進軍時，國防部部長諾斯克請求國防軍軍官保護共和國，但為賽克特將軍所拒；他不答應對政變分子採取任何行動，他說：「軍人不能向軍人開槍。」

3月17日，政變徹底失敗。政變沒有發生流血事件，卡普與呂特維茨逃出柏林前往瑞典。

20日，政府機構從斯圖加特重返柏林。國防軍這次政變為納粹運動的發展提供了條件。

1921年，希特勒在黨內建立軍事組織——衝鋒隊。衝鋒隊是納粹黨的武裝組織，最初主要從事破壞革命運動衝擊其他黨派群眾集會等活動。

1922年1月，德國納粹黨在慕尼黑舉行第一次全國代表大會。在此之前，該黨只舉行領導成員大會，並且是以祕密方式進行。

28 日，突擊隊在馬爾斯費爾德集合，希特勒為突擊隊舉行首次授旗儀式。在黨代表會上，希特勒要求廢除《凡爾賽條約》，並在會上高喊「打倒 11 月的罪犯們」。

1923 年，法國占領魯爾區之後，德國政府只能做消極反抗。這時，國防軍卻為發生武裝衝突做好了準備。它悄悄地招募臨時志願軍，以擴大軍力。

另外，國防軍還非法打開武器庫，這些武器庫是他們違反《凡爾賽條約》私下偷建的。臨時志願軍偽裝成工人隊伍，一時達到相當可觀的數目。僅設在柏林的第三軍區就有 1.8 萬人，編成 27 個分隊。整個部隊自稱「黑色國防軍」，實際上是在替祕密動員做準備。

1923 年 5 月 1 日，為了破壞社會民主黨的五一勞動節慶祝活動，希特勒與他組織的「祖國武裝團體工作協會」發動了一場武裝遊行，兩萬名希特勒黨員列隊進入奧伯維森費爾德地區。希特勒聲稱左派即將發動政變。

希特勒的黨徒被值勤的巴伐利亞邦警察和國防軍解除武裝，於是希特勒的政變行動只好變成一場遊行和集會。此後幾個星期內他暫時隱遁起來，繼續籌劃這類行動。

隨著羽翼漸豐，納粹黨開始密謀奪權。

1923 年 2 月，納粹黨與幾個極右團體組成了以希特勒為「政治領導」的祖國戰鬥工作聯盟。9 月，又在此基礎上組成

了「德國人戰鬥聯盟」，其任務是推翻威瑪共和國，並摧毀《凡爾賽條約》。

11 月初，以希特勒為首的納粹領導層與前德國陸軍參謀長魯登道夫串通一氣，密謀策劃在巴伐利亞建立法西斯政權，然後組織向柏林進軍，奪取全國政權。

1923 年 11 月 8 日晚，希特勒在軍國主義分子魯登道夫的支持下，率領法西斯武裝的衝鋒隊員包圍了在慕尼黑東南郊格勃勞凱勒啤酒館，並強行衝進正在舉行集會的會場。當時巴伐利亞州長官馮·卡爾正在向 3,000 多名聽眾發表講話，這一行動使會場一片騷亂。

希特勒在戈林、赫斯等人的簇擁下走向講臺，叫喊「國民革命已經開始了」。

隨後，希特勒扣留了州長卡爾、駐軍司令洛索和警察局長澤塞爾上校，向他們宣布巴伐利亞州政府已被推翻，他自己將出任德國政府總理，魯登道夫擔任全國軍隊的領導者，威逼他們 3 個人擔任巴伐利亞的攝政者、陸軍部長和公安部長。

之後跳上講臺欺騙群眾，說這 3 個人已同意和他一起組織新政府，並將組織對柏林的進軍，以「拯救德國人民」。

與此同時，一個親希特勒的武裝團體與正規軍發生衝突，希特勒離開啤酒館前去處理，卡爾等人趁機溜走，並改

變了「同意」希特勒暴動的態度。

為挽救局勢，11 月 9 日 12 時 15 分，希特勒和魯登道夫率領大約 3,000 名衝鋒隊員，從格勃勞凱勒啤酒館向慕尼黑市中心進發。

之後，暴動者遭到警察部隊的阻擊，16 名納粹分子被打死，遊行隊伍一片混亂。希特勒不顧死傷者，自己登上汽車逃往一個朋友的別墅。

11 月 11 日，警察在那裡逮捕了希特勒，並把他關進監獄。

魯登道夫同樣被捕，受傷的戈林和赫斯逃到奧地利。希特勒的「向柏林進軍」以失敗而告終。

巴伐利亞人民法院 1924 年 4 月 1 日對犯有謀反罪的希特勒、魯登道夫以及其他參與政變未遂案的被告人進行宣判。該法院提請將他們從輕判刑，因此雖然魯登道夫的罪行證據很多，但仍被宣判釋放。

至於希特勒和其他幾名被告則判處每人 5 年的監禁，這是最輕的懲罰不過，希特勒可以有法定的 6 個月緩刑的權利。這個審判法案從 2 月 26 日開庭之後，便引起德國國內外輿論界的極大關注。

在 24 天的審理期間，德國各大報紙均以頭條大標題的篇幅報導發生在法庭上的一切事情，各家報紙都刻意著重報導

德義日法西斯的產生

希特勒在法庭上所發表的極具煽動性及蠱惑性演說以及對德國共和國的攻擊,而且他滔滔不絕的講話並沒有被巴伐利亞人民法院的法官們打斷。因此,希特勒的名字首次越過巴伐利亞邦的範圍,而成為全國的知名人物。

此次審理僅在巴伐利亞人民法院進行,並未提交更高級的國家法院,原因是總統艾伯特對地方政權所做的讓步。在這次審判中,希特勒被判在距慕尼黑 60 公里外的列錫附近的蘭茨堡監獄服刑。

啤酒館暴動使納粹黨被取締,納粹運動遭受重大挫折。但是,德國的納粹運動並未因此而一蹶不振。導致納粹運動崛起的種種因素沒有改變,軟弱的威瑪共和國政府沒有對希特勒及納粹分子給予嚴厲的懲罰。

希特勒入獄後寫下了臭名昭著的《我的奮鬥》,書中系統地闡述:德國法西斯的政治綱領和奮鬥目標,鼓吹種族論,宣揚德意志人民是優等種族,猶太人和斯拉夫人是劣等種族,德意志人應該成為世界的主宰者,建立聯合一切德意志人的大德意帝國,對內實行元首獨裁統治,對外奪取「生存空間」。

1924 年 12 月,希特勒服刑不滿 9 個月便從監獄提前釋放。希特勒剛出獄兩個月就立刻重新組織遭禁的政黨。

此時,由於「道威斯計劃」的實施,德國經濟開始復

甦，社會也隨之進入相對穩定時期。在這種形勢下，希特勒改變暴力奪權方針，主張依靠壟斷資產階級、軍官團和容克貴族，重建納粹黨。

1925 年 2 月 27 日，希特勒選擇了另一家啤酒店，宣布恢復他的德國國家社會主義工人黨。值得注意的是，他的軍事助手魯登道夫將軍當天沒有出席，但希特勒受到其他一些信仰納粹事業人的支持。

1925 年 4 月 26 日，興登堡當選德意志帝國的第二任總統。在這次大選中，右派政黨支持興登堡為候選人，結果擊敗了德國社會黨、德國民主黨和中央黨所支持的前帝國首相威廉·馬克斯和德國共產黨提名的恩斯特·塔勒曼而當選總統。

當時，國外人士對興登堡的當選，多採取觀望存疑的態度。因為他們感到其中似乎蘊含德國對協約國的挑戰，以及德國人民否認敗於世界大戰的心理。

法國的《時代報》評論說，興登堡的當選透露一種訊息，代表「德意志民族意欲否認在世界大戰中的失敗」。

11 月 9 日，希特勒授意海因里希·希姆萊組建黨衛隊，目的是要與衝鋒隊首腦羅姆對抗。希姆萊從當年 4 月開始召集隊員，9 月分已擴展至德國各地。

1926 年 2 月，在南德班堡舉行的納粹黨全德領袖會議

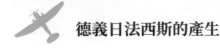

上，希特勒壓倒了黨內的小資產階級社會主義派，鞏固了自己的領袖地位，使納粹黨逐漸代表壟斷資產階級的利益。

7月4日，希特勒在德國威瑪舉行德國納粹黨重組後的第一次全國代表大會。會上希特勒擊敗了他的對手斯特拉塞集團。

該集團的領袖格里高爾‧斯特拉塞和奧托‧斯特拉塞在德國北部及萊茵河地區頗具影響力。斯特拉塞集團在威瑪大會中所提出的綱領不合時宜，以致約瑟夫‧戈培爾轉而投靠希特勒。

希特勒在威瑪檢閱了 5,000 人組成的隊伍，並首次以高舉手臂的方式致意。

1929 年 11 月 8 日，德國納粹黨在圖林根邦議會的選舉中，得票比例提高，顯示出納粹黨的勢力有持續上升的趨勢。納粹黨的得勢來自於採取反對「揚格計劃」的行動，以及透過赫根伯格出版社的宣傳。這些措施不但使納粹黨打出知名度，並且贏得了選民。

在 1929 年度薩克森、巴登、魯貝克的選舉中，特別是在巴伐利亞舉行的普選中，該黨都贏得了議會的席位。希特勒的親信威廉‧弗列克並擔任圖林根邦政府的內政部和國民教育部的要員。

納粹黨積極爭取全民表決，共同反對「楊格計劃」。至

22 日止，只有 580 萬票表示贊同，離通過全民表決 2,000 萬
票數的標準，仍有相當距離。

　　為了騙取農民的支持，1930 年希特勒任命農業專家理查
德・瓦爾特・達雷為納粹黨農業部長，由他負責制定農業方
面的政策。

　　1930 年 3 月 6 日，達雷宣布了一個取悅於農民的《農民
綱領》，規定取締土地投機，禁止地產抵押和拍賣，在土地
交易中國家享有優先權，綱領向農民許諾，「在盡可能公道
的條件下，得到經營土地放款」。

　　1930 年 7 月是德國歷史上危機重重的一個月。雖然最後
一批法國軍隊在 6 月 30 日撤離萊茵河地區，但是慶祝撤軍的
活動也因經濟危機而黯然失色。

　　由於德國財政狀況嚴重蕭條，興登堡總統援引《緊急條
例》來處理政府事務。新任財政部長海曼・迪特列希提出一
項抵償方案，雖經過不斷的修改，在國會中仍然遭到德國社
會民主黨和左、右兩派的反對黨的反對。

　　布魯寧總理所領導的內閣認為，他們所提出的財政調整
方案只有通過憲法第四十八條的協助，才可能實現。7 月 16
日，他們要求總統將方案作為《緊急條例》予以實行。

　　兩天后，德國社會民主黨、共產黨、納粹黨的國會議員
和德國民族人民黨的部分議員否決了這項《緊急條例》。興

登堡按布魯寧的建議，根據憲法，解散國會，重新收回被否決的《緊急條例》。

納粹黨趁此機會，發起了一場選舉戰。

在經濟危機期間，納粹黨針對中小資產階級反壟斷資本的心理，針對他們對威瑪共和國的不滿和失望，以及戰後存在的民族屈辱情緒，提出了「反資本主義」、「反共和制」和「民族主義」的口號，宣揚所謂「民族社會主義」，開展了一場爭取民心的宣傳戰。

希特勒首先把黨內數千名訓練有素的演說家，派往農村和中小城市，爭取對現狀不滿的農民和中小資產階級的支持。他們所到之處，舉行各種群眾集會、青年集會、演講會、火炬遊行等活動，到處散發傳單，張貼廣告。

希特勒在各種集會上搖唇鼓舌，大談人民的苦難，共和國的無能，並向各階層人民許願說，他能給他們帶來所需要的一切。

1930 年 9 月 14 日，德國政府在議會選舉中慘遭失敗，而對議會表示輕蔑態度的黨派卻以優勢獲勝。希特勒的納粹黨在過去的議會裡只有 12 個席位，而在新的政府裡猛增至 107 個。

當時納粹黨比共產黨強大，是德國第二大黨。西歐各國對希特勒的成功大為驚恐。他被視為戰爭販子。他說德國一定要東山再起，要報上次戰爭中的一箭之仇。

1930 年 10 月 14 日，納粹黨的議員在國會提出一份提案，要求：

> 銀行家、交易所大王、1914 年 8 月 1 日以後移入的猶太人和一切外籍人員及其親屬的財產，以及自 1914 年 8 月 1 日以後利用戰爭、革命、通貨膨脹等機會增加的一切財產，應無條件沒收，歸公所有。各大銀行應立即收歸國家管理。

1931 年 2 月 9 日，德國極右派政黨鋼盔協會和納粹黨試圖削弱政府的實力。在審議預算項目中的「外交」一款時，納粹黨議員弗朗斯·史都爾在議程開始之前發表了抨擊民主的聲明。

1931 年 3 月 28 日，德國發布《緊急條例》，要求德國的政治激進分子中止他們的行動，原因是 13 日和 14 日，漢堡的納粹黨積極分子展開暗殺活動，一名警察官員開槍打死了一名在政府主管部門工作的猶太人，因為他不願意由猶太人審問他加入納粹黨的活動情況。

此外，3 名納粹黨員槍殺一名市議會議員，因為他們猜想他可能與漢堡的紅色退伍軍人聯盟的首領有關。

為此，參議院在漢堡禁止德國共產黨和納粹黨的報紙運營，還禁止這些黨派的一切群眾集會。這次頒布的《緊急條例》，包括一系列關於集會和示威遊行的規定。

德義日法西斯的產生

　　1931 年 10 月 11 日，德國納粹黨、德意志民族人民黨、鋼盔團、泛德聯盟等反動政黨和團體的代表在布倫瑞克的哈爾茲堡溫泉舉行會議。希特勒參加。與會者一致要求盡快取消民主制度，由壟斷資本中最富有侵略性和極端沙文主義的集團來建立政權。

　　在這次會議上，納粹黨聯合德意志民族人民黨，在天主教黨右翼的支持下成立了所謂的哈爾茲堡陣線，預謀 15 個月後在德國建立法西斯專政。他們在會上還明確宣布：「我們決心保衛我們的國家免受布爾什維克主義的毒害，以法律權力從經濟崩潰的旋流中挽救我們的政策。」

　　納粹黨通過宣傳、小恩小惠等手段，使城鄉中小資產階級、知識分子、大學生和農民、大批湧向納粹黨。因此，該黨得到迅速發展，除中央黨之外，其他資產階級傳統政黨選票明顯減少，由此激發了納粹黨人通過選舉搞垮威瑪體制的欲望。

　　納粹黨利用經濟危機，積極開展宣傳蠱惑活動，從 1928 年前一個微不足道的小黨至 1930 年一躍而成為國會第二大黨，至 1932 年則已成為國會第一大黨，成了德國最有影響力的政治集團。這就為與壟斷資本家討價還價和奪取政權贏得了資本。

日本軍國主義的興起

1853 年夏天，在風和日麗，波光粼粼的日本江戶灣的海面上，出現了 4 艘頂部不斷冒著灰白色的煙霧的黑色大船，這是來自美國的蒸汽軍艦。

美國海軍準將馬修．培里率領艦隊進入江戶，即今東京岸的浦賀，把美國總統寫給日本天皇的信交給了德川幕府，要求同日本建立外交關係和進行貿易。這次事件，史稱「黑船事件」。

1854 年，日本與美國簽訂了神奈川《日美親善條約》，又名《神奈川條約》，同意向美國開放下田和箱館兩個港口，並給予美國最惠國待遇等。

「黑船事件」衝擊了日本的封建自然經濟，從根本上動搖了幕府的統治基礎。在商品經濟形態的快速擴展下，商人階層，特別是金融事業經營者的力量逐漸增強，具有資產階級色彩的藩地諸侯、武士，和要求進行制度改革的商人們組成政治性聯盟，與反對幕府的基層農民共同形成「倒幕派」的實力基礎。

1867 年，孝明天皇死，太子睦仁親王（即明治天皇）即位，倒幕勢力積極結盟舉兵。

11 月 8 日，天皇下達討幕密敕。9 日，幕府將軍德川慶喜奏請「奉還大政」。

德義日法西斯的產生

　　1868 年 1 月 3 日，天皇發布《王政復古大號令》，廢除幕府，令德川慶喜「辭官納地」。

　　8 日及 10 日，德川慶喜在大阪宣布《王政復古大號令》為非法。

　　1 月 27 日，以薩、長兩藩為主力的天皇軍，在京都附近與幕府軍激戰，德川慶喜敗走江戶。戊辰戰爭由此開始。

　　天皇軍大舉東征，迫使德川慶喜於 1868 年 5 月 3 日交出江戶城。至 11 月初，天皇軍平定東北地區叛亂諸藩。

　　1869 年春，天皇軍出征北海道，於 6 月 27 日攻下幕府殘餘勢力盤踞的最後據點，戊辰戰爭結束，日本全境統一。

　　1877 年，西南戰爭爆發，這場戰爭是倒幕運動的尾聲。也是日本資產階級革命餘波。隨著西南戰爭中薩摩軍的失敗，由天皇操縱政權的封建軍國主義國家建立，代表著日本資本主義革命的結束。

　　1868 年明治政府成立起至 1877 年西南戰爭結束，是日本軍國主義的孕育形成階段。

　　在這 10 年中，日本確立和鞏固了以天皇為中心的中央集權政府，建立起軍國主義的經濟基礎，軍國主義的武裝和警察、監獄，並開始對外實行侵略擴張。

　　明治政府推行「富國強兵」、「殖產興業」和「文明開化」三大政策，「富國強兵」是主體，是諸政策之首。

　　日本軍事封建帝國主義的本質和特點，使日本被納入軍事、戰爭軌道，進入從戰爭走向更大戰爭的惡性循環之中。

　　1878 年，日本陸軍卿山縣有朋發布《軍人訓誡》和《參謀本部條例》，加強對軍人的軍國主義訓練。

　　日本國內外均無制約和阻遏軍國主義發展的形勢和力量。日本國內曾有 3 次民主運動高潮，即自由民權運動、大正民主運動和護憲三派抗爭、反法西斯抗爭，但均遭失敗；日本對外侵略時，屢屢冒險卻均較輕易得手，更刺激其向軍國主義道路迅跑。

　　日本軍國主義的發展，完全是靠進行不間斷的瘋狂的侵略戰爭來推動的。

　　1894 年挑起中日甲午戰爭，1900 年作為八國聯軍的主力侵犯中國，1904 年發動日俄戰爭，1914 年參加第一次世界大戰，後又出兵西伯利亞，入侵中國。日本透過這些侵略戰爭，獲得了巨額賠款，掠奪了被占領國家的大量財富，攫取了大片土地，其「大東亞共榮圈」的夢想正在一步步實現。然而，1920 年至 1921 年，日本爆發了歷史上空前浩大的經濟危機，處於寄生地主控制壓迫下的農民紛紛破產。經濟危機尚未過去，1923 年 9 月 1 日，以東京為中心的整個關東地區以及靜岡、山梨等縣突然發生強烈地震。這次大地震使電信、電話、交通網被切斷。下町一帶被熊熊大火燒成灰燼，

德義日法西斯的產生

在一處被燒燬的遺址上，大量居民因地震成為飢餓的難民。震災發生後，以政府的救災票據問題為中心，再次引發了1926年和1927年的金融危機，許多大公司和銀行倒閉，金融界一片混亂。日本半封建的農業也陷入經濟危機。

至1929年10月，自美國首先爆發的世界性經濟危機，又使脆弱的日本經濟受到新的更大的衝擊，社會再也不能保持大戰前那種穩定了。

在國外，日本也受到了英美的挑戰。第一次世界大戰後確立的國際和平結構，仍由英法等歐洲戰勝國居於主導地位。1921年至1922年的華盛頓會議上，美國與英法迫使日本接受了「維護中國領土與行政完整」、「門戶開放」的原則，實際上也就是打破了日本獨占中國市場與資源的計劃。

與此同時，資本主義世界體系的一統天下被打破，社會主義運動與民族解放運動迅猛興起，又形成了對於日本的猛烈衝擊。

毫無疑問，日本軍國主義開始陷入了危機四伏和到處碰壁的困境。這不能不促使日本各階層、集團、政治力量對於本民族的歷史與前途進行集中的反思，並做出自己的反應與抉擇。在這種情況下，日本的法西斯運動開始興起並發展起來。

在經濟危機期間，日本的民間法西斯運動和軍隊法西斯運動快速發展，並掀起了一股法西斯浪潮。在這兩種法西斯

運動的推動下，實現了日本軍部法西斯化。這是日本法西斯運動的特色所在。

全面經濟危機爆發後，日本形形色色的法西斯組織，利用中小資產階級對社會、經濟地位下降的恐懼和對社會現狀的不滿，提出了「革新」和「反財閥」的口號，大肆攻擊政黨政治，極力進行迎合民意的宣傳。

它們對外鼓吹侵略擴張、稱霸亞洲和世界，對內宣揚反對無產階級革命、反對民主主義，要求對現存體制進行「革新」，對社會和經濟進行改造，實行以天皇為首的軍事獨裁。

這在很大程度上迎合和反映了中小資產階級的要求，從而獲得了這一階層廣大成員和青年軍官的支持，形成了一定規模的法西斯運動。

1919 年，日本的法西斯鼻祖北一輝，寫出了《日本改造方案日本大綱》；同年 8 月，大川周明、滿川龜太郎在東京組建了日本第一個法西斯團體 —— 猶存社，代表著法西斯運動在日本的興起。

北一輝的《日本改造方案原理大綱》，以綱要加注的形式，簡要明確地提出了法西斯的政治主張：

> 只有依靠國民的總代表、國家的根本天皇指導，在鄉軍人發動政變，實行國家改造，才能擺脫大日本帝國面臨內憂外患，同時襲來的有史以來未曾有過的國難。

德義日法西斯的產生

在對外關係上，主張日本有對外開戰之積極權力，赤裸裸地叫囂戰爭。

《日本改造法案大綱》以其強烈的蠱惑性、欺騙性、狂熱性，成為日本法西斯主義最激進的綱領，在日本的青年軍官中產生了廣泛而深刻的影響。

1920 年，北一輝返回日本，加入成立不久的猶存社，並與大川周明一道成為該社的臺柱。

猶存社以北一輝的《日本改造法案大綱》為核心經典，祕密印發，致力於法西斯「國家改造思想的普及和宣傳工作」。其最終目的是透過完成日本的法西斯主義的「國家改造」，來建立一個稱霸亞洲的大日本帝國。

在猶存社的鼓動下，北一輝的法西斯思想在日本一部分軍人和學生中引起共鳴。東京帝國大學的「日之會」、北海道帝國大學的「烽之會」、早稻田大學的「潮之會」、拓植大學的「魂之會」、第五高等學校的「東光會」、佐賀高等學校的「太陽會」、京都帝國大學的「猶興學會」等法西斯主義團體紛紛出籠。

雖然由於北一輝和大川周明的分歧，猶存社在 1923 年解體，但法西斯運動卻由此而得到了空前的發展，形形色色的法西斯團體、派別不斷湧現，如，大川周明的純日本主義派，權藤成卿的農本自治主義派等。

民間法西斯運動產生之後不久，日本軍隊也興起了法西斯運動。

1921 年 10 月 27 日，旅歐陸軍軍官永田鐵山、小畑敏四郎、岡村寧次在萊茵河畔的巴登巴登溫泉聚會，商討日本國內外政治軍事形勢。他們根據第一次世界大戰的經驗和總體戰略思想，約定回國後將致力於「消除派閥、刷新人事、改革軍制、建立總動員態勢」。這就是所謂「巴登巴登密約」，又叫做「三頭密約」。

10 月 28 日，東條英機也從柏林趕到，加入密約。「巴登巴登密約」的結成，是日本軍隊法西斯運動的起點。

永田鐵山等人回國後，邀集年齡相近、志同道合的陸軍中央幕僚軍官，於 1923 年成立了「二葉會」，討論如何改革陸軍等問題。

1924 年年初，長州藩的首領田中義一召集陸軍中的元老們在他家開了一次會。

他揚言：「我們面臨著薩摩藩的陰謀，讓我們徹底粉碎他們。」

6 個月後，長州藩的一些將軍和少數政友會的同盟者，獲準去搞垮這個卑躬屈節的清浦內閣，條件是他們要接受陸軍的改組計劃。

1924 年 6 月，由加藤高明組成新內閣，此人在 10 年前曾

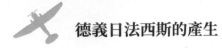

對華提出「二十一條」要求；新內閣把陸軍的清洗當做一項例行的經濟措施而滿不在乎，而把公眾的注意力引向普選法的新問題方面。

當全國的注意力被轉移時，陸相宇垣卻站在一邊沒有人注意。他表面上是對陸軍進行裁軍，實際上正在軍官團中進行一筆複雜的討價還價的交易，透過這筆交易，所有最重要的長州藩將軍連同一批經過選擇並給以補償的薩摩藩將軍和其他藩族的將軍均自動辭職。

約有 2,000 名軍官被裁減。一些師團被宣布解散，但這些師團中的許多中隊和大隊則不予觸動，待命處理。當許多長州藩族的軍官退伍後，他們的部隊重新被分配去充實還保存著的師團，或到新成立的輔助部隊去充當軍官。

此外，強制軍事訓練時間被縮短至 6 周，以便萬一在全國動員時，政府能為每個男青年提供一些靠得住的基本訓練。為了彌補訓練時間的不足，組織了有 1,200 名教官的陸軍教導團，其成員被分配到著名的高等學校和預科學校。

體育教官保證每個青年在服役前要學好尚武精神的原則、列隊操練、軍刀和步槍操練。他們透過對教職員的恫嚇威脅，在以後幾年中逐步嚴密地控制課程。

1927 年經濟危機爆發後，壟斷資產階級期望從對外侵略中尋找出路，因而重用軍閥。4 月 17 日，政友會總裁、陸軍

大將田中義一出任首相兼外相。

田中義一代表最反動、最富侵略性的日本統治集團，公開推行帝國主義侵略政策。

1927 年 6 月 27 日至 7 月 7 日，田中義一在東京主持舉行了所謂的「東方會議」。參加會議的有外務省、陸軍省、海軍省和參謀本部的代表。

會議研究了政府提出的對華「積極」行動綱領，即公開侵略中國的綱領。

這個綱領的核心就是田中在會上提出的」惟欲征服中國，必先征服滿蒙如欲征服世界，必先征服中國；」的侵略方針。東方會議的決定成為臭名昭著的《田中奏摺》的基礎。

儘管《田中奏摺》的原件至今尚未發現，但歷史已經證明，日本帝國主義正是按照「東方會議」和《田中奏摺》的侵略方針進行侵略和爭奪東方和世界霸權的。

在田中執政的兩年中，僅 1927 年和 1928 年即曾兩次出兵中國山東，侵占青島和濟南。東方會議決定了對華政策綱領，根據公布的內容：

> 第一，區別中國本土和滿蒙，堅決把中國東北從中國分割出來，置於日本勢力之下。
> 第二，認為當前中國不可能統一，應和各地的穩健政權取得適當連繫，即極力使軍閥分裂互鬥，從中選擇日本的走卒。

第三，帝國在華權益以及日僑生命財產如有受不逞分子非法侵害之虞時，帝國當根據需要採取堅決自衛的措施，即日本堅決和反對帝國主義、爭取民族獨立的人們為敵。

第四，萬一動亂，即中國革命波及滿蒙，擾亂治安，使該地日本的特殊地位與利益有受侵害之時，帝國將不問它是來自哪一方面，有立即堅決採取適當措施加以保衛的決心。

1927 年 12 月，永田鐵山在整備局作《論國家總動員的報告》，明確提出必須把各種有形無形的資源全部加以統制的思想。

這樣，就在日本法西斯體系中加進了新的內容：實行國家總動員，建立總體戰體制，而民間法西斯分子鼓吹建立以天皇為絕對權威的「國體意識」，便成為幕僚革新派進行全國總動員的重要手段。

在「二葉會」的影響下，參謀本部課員鈴木貞一和石原莞爾等更為年輕的軍部中央校、尉級軍官，於 1928 年組織了「研究國策」的木曜會。

1929 年 5 月，「二葉會」、「木曜會」合二為一，建立了「一夕會」，代表著軍人「幕僚革新派」的形成。

以永田鐵山為核心的幕僚革新派，透過對第一次世界大戰軍事戰略的研究，以及長期在德國對歐洲各國的觀察，認

為日本要在未來的世界戰爭中取勝，必須進行總體戰。

但由於各種條件的限制，日本的國力同美英有著難以克服的差距，非但如此，國力薄弱的日本還要以一國的力量同多國對抗。為了縮小差距，進行總體戰，充分調動一切人力、物力，必須建立總體戰體制。

1929 年 7 月上臺的濱口雄幸內閣，為了尋找擺脫危機的出路，對內推行緊縮財政和產業合理化政策，對美英採取「協調」外交方針，並以政治手段將中國東北攫為己有。

而日本軍部特別是陸軍省、總參謀部和關東軍中的少壯派，則主張立即出兵侵占「滿洲」，以擺脫日本的經濟危機。

1930 年代初，日本的法西斯和準法西斯團體曾經試圖建立全國統一的組織。但是，所有的統一嘗試均因內部存在分歧和爭吵而未能成功。

民間法西斯團體遂把自己的事業和希望寄託於軍隊內部的法西斯勢力身上。日本軍部是近代天皇制的核心，是近代軍國主義的集中體現。在經濟大危機之後的一段時間裡，軍部實現了法西斯化，成為日本法西斯運動的主角。

1930 年 9 月，以參謀本部俄國班班長橋本欣五郎為首的一些中下層軍官建立櫻會。

1932 年，原「一夕會」的一些成員同其他一些軍官，形

成了以永田鐵山為中心的統制派，成為推動軍內法西斯運動
的兩股勢力。由於統制派主張保持軍部中央機構的統制，以
合法手段，先外後內，自上而下對國家進行法西斯改造，建
立軍部獨裁統治。因此，統制派的主張，得到大多數中上層
軍官的支持。

1934 年 1 月，帶有統制色彩的林銑十郎接任陸相，同年
3 月任命統制派領導人永田鐵山少將為軍務局長，成為僅次
於陸相、陸軍次官的最有實權的人物。統制派由此確立了對
陸軍的支配權。

陸軍是日本軍部的主導，支配了陸軍就意味著掌握了對
軍隊的主導權。軍部還有計劃、有步驟地從組織上操縱國民
和民眾輿論，對國家政務施加壓力。

1931 年，在鄉軍人會會員發展至 260 多萬人，在各地實
際上起著反動的政治作用。軍部透過在鄉軍人會，將其影響
擴大到全國各地和幾乎所有基層單位，並透過大日本聯合青
年團，把全國青少年置於自己的控制和影響之下。

此外，軍部還透過駐地的部隊，對各地管轄的居民直接進
行宣傳、煽動和組織其他活動。軍部透過上述手段，為擴大、
確立自己的政治支配地位，攻擊、摧垮政黨政治奠定了基礎。

實力日益壯大的軍內法西斯勢力，利用危機，同民間法
西斯勢力相呼應，連續向政黨政治發起進攻。

1930 年 4 月 22 日，濱口內閣簽訂了《關於限制和裁減海軍軍備條約》，遭到軍方和右翼反動團體的責難。他們指責政府軟弱無能，藉機進行軍國主義宣傳，主張改造國內體制，加強軍事獨裁統治。

11 月 2 日，議會批准了《倫敦條約》。

11 月 14 日，濱口首相前去參加陸軍大演習時，在東京車站遭到右翼團體愛國社成員的狙擊，身負重傷，後於 1931 年 8 月 26 日死去。

濱口首相被刺，是軍部準備發動戰爭的信號。同年末，參謀本部和陸軍省的少壯派軍官組織了「櫻會」，企圖發動政變，建立以陸軍大臣宇垣一成為首腦的「改造政府」，後未遂。

「九一八事變」的成功，大大提高了法西斯在日本的政治地位。軍內法西斯分子立即抓住這一有利條件，採取各種手段實現軍部獨裁，以奪取政權。

1931 年 10 月，櫻會陸軍軍官和大川周明等法西斯分子再次策劃發動武裝政變，以策應關東軍占領中國東北，建立軍事獨裁政權。政變計劃動員陸海軍少壯軍官和民間法西斯勢力，襲擊首相官邸和警視廳，殺死首相若禮次郎和外相幣原喜重郎，建立以荒木貞夫上將為首相、建川美次為外相的軍部法西斯政府。

　　後來，這一政變計劃由於中途洩密而再次流產。但是，軍部又一次對「十月事件」的真相予以保密。政變的主要策劃者只是受到暫時性的保護性拘留，主謀也只受到了 20 天閉門反省的處分。

　　「十月事件」後，法西斯恐怖活動達到了有恃無恐的地步。1932 年二三月間，日本又發生「血盟團事件」。民間法西斯組織血盟團與以藤井齊為首的海軍少壯軍官相勾結，連續刺殺了前藏相井上準之助和三井合名公司董事長。

　　1932 年 5 月 15 日，以士官學校學生為主體的陸海軍青年軍官及血盟團餘黨發動政變，襲擊了首相官邸、大臣官邸、警視廳、政友會本部、三菱銀行、日本銀行等處，殺死首相犬養毅。史稱「五・一五事件」。

　　政變雖被粉碎，但內閣被迫辭職。軍部藉口「時局非常」，拒絕政黨繼續組閣。

　　5 月 26 日，海軍上將、前駐朝鮮總督齋滕實在軍部的支持下，根據軍部的「廢除政黨政治」的要求，成立了「舉國一致內閣」。日本歷史上的政黨內閣時代從此結束，軍部法西斯勢力在國家政治生活中的地位與影響進一步得到加強。

　　1934 年 10 月，陸軍省發表題為《國防之本義及其強化》的小冊子，公開叫囂「戰爭乃創造之父、文化之母」，宣稱「國防是國家生存發展的基本活力」，要求確立一切服從戰爭

的「國防政策」，「重新組織、經營國家和社會」。

這本小冊子是統制派和整個軍部確立法西斯極權體制的綱領，在社會上引起廣泛而強烈的反響，受到社會右翼和軍部法西斯分子的堅決支持。

1935 年，法西斯分子掀起了一場「明征國體」運動，全力攻擊日本政黨內閣的理論基礎「天皇機關說」，使「國體論」成了極權主義統一國民和改造國家的核心理論。

軍部法西斯勢力隨時利用「天皇」和「國體」的大棒，鎮壓一切對法西斯主義的反抗運動，並在日本全國範圍內展開「剷除異端」的活動。

陸軍省發表的小冊子和「明征國體」運動，成為軍部法西斯化完成的標誌。日本軍部實現法西斯化，為確立軍部對內閣的政治支配地位，為實現日本政體的法西斯化，邁出了關鍵性的一步。

在這個階段，日本軍國主義的體制最完整，表現最狂妄，當然，令有些戰爭狂人始料不及的是，軍國主義發展到頂峰，接著面臨的就是深淵。

日本法西斯的發展過程

日本是一個具有軍國主義歷史傳統的國家。日本軍國主義發動以中國為對象的侵略戰爭，蓄謀由來已久。豐臣秀吉

統一日本後，就提出要攻占朝鮮，進攻北京，占領華北，在東亞大陸列土封疆。

1868 年，日本開始明治維新，逐漸走上近代化道路。同時，也開始形成以中國為主要擴張目標的大陸政策。在明治維新以後的 70 多年內，日本曾發動和參加過 14 次對外侵略戰爭，其中有 10 次是對華侵略。

經過甲午和日俄兩次戰爭，後進的日本不僅擠進了帝國主義列強瓜分中國的行列，而且取得了在中國東北地區的優勢地位。日俄戰爭後，日本已發展成為一個軍事封建帝國主義國家，以武力奪取世界霸權的欲望更加強烈。

1927 年田中義一內閣召開東方會議後，日本加快了實施新大陸政策的步伐，企圖首先把中國東北變成它直接統治的殖民地。

日本統治集團尤其是軍部與關東軍首腦，在大肆宣稱「滿蒙生命線」面臨危機的同時，著手制訂侵占中國東北的行動計劃。早在 1929 年 7 月，關東軍作戰主任參謀石原莞爾就奉命起草了一個題為《關東軍占領滿蒙計劃》的文件，提出了以武力占領中國東北的具體構想。

為了充分驗證其構想，偵察中國東北的軍事要地，完善占領中國東北的計劃，關東軍從 1929 年 7 月至 1931 年 7 月，先後組織了 3 次規模較大的「參謀旅行」。

　　第一次稱為「北滿參謀旅行」。由關東軍高級參謀坂垣征四郎和石原莞爾統領，企圖研究在哈爾濱附近進行攻防作戰的問題。從 1929 年 7 月 3 日開始至 7 月 12 日結束。路線由旅順出發，經長春、哈爾濱、齊齊哈爾、海拉爾到滿洲裡；回程經昂昂溪轉洮昂線，到泰來、洮南，然後返回旅順。

　　7 月 4 日，石原到達長春時，發表了《戰爭史大觀》的演講。在由長春去哈爾濱的火車上，又提出了《扭轉國運之根本國策 —— 滿蒙問題解決案》和《關東軍占有滿蒙計劃》。

　　在《滿蒙問題解決案》中，石原系統地闡述了占有「滿蒙」轉變日本國運的「石原構想」，認為下一次世界大戰是「人類最後的大戰」。美國勢力向遠東擴張，將是阻礙日本向大陸發展的最大挑戰者。當今世界有了通航全球的飛機，科技發達，「東洋文明中心的日本」與「西洋文明中心的美國」必將開戰。

　　為了做好對美戰爭準備，「解決滿蒙問題是日本的唯一活路」。他指出，日本占有「滿蒙」，既可恢復國內的景氣，消除不安定因素，又可「及時撲滅中國東部的排日烈焰」。

　　這是「轉變日本國運的根本國策」。而作為前提，「滿蒙問題的解決，只有由日本領有該地才能完全實現」。

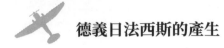

德義日法西斯的產生

在《關東軍占有滿蒙計劃》中，石原提出的方案是：關東軍占有「滿蒙」，巧妙地解除中國軍隊的武裝；由日本人在這塊土地上「經營大規模的企業」，讓朝鮮人「開拓水田」，中國人「從事小商業和體力勞作」；同時，以 4 個師駐紮「滿蒙」，「防備蘇聯的入侵」。

第二次是 1929 年 10 月的「南滿遼西參謀旅行」。其目的是研究在錦州附近作戰問題。他們在「奉天城攻擊要領」及「弓長嶺夜襲」研究已有成案後，開始進行新民屯渡河、向錦州方向追擊、進攻錦州和山海關西部的作戰方案的研究。

1931 年，關東軍組織了第三次參謀旅行，仍稱「北滿參謀旅行」。這次活動主要是為了讓因人事調動而新來的關東軍幕僚親自看看他們所不熟悉的「北滿」情況，以加深他們對「北滿」戰略價值的認識。

在此期間，坂垣和石原委託佐久，間亮三在「石原構想」基礎上起草的《關於滿洲占領區統治的研究》也於 1930 年 9 月完成，並在 12 月由關東軍正式印刷成冊。

這份文件提出占領「滿蒙」的目的是：「迅速占領滿洲及蒙古之一部，完全置於我方勢力之下，以獲得對外長期作戰之資源及其他有關之牢固基地。」並對未來日本占領東北後的行政統治事項，作了明確規定。

這表明關東軍不僅積極策劃侵占東北，而且對侵占地區

如何進行統治也在進行準備。

至 1931 年 3 月，在坂垣、石原等人的策劃下，關東軍司令部正式制定了《滿蒙問題處理方案》，決定「若遇非常情況，關東軍應有決心自行決定顛覆張學良政府，占領滿蒙」，並設想了「製造事件的謀略」。此時，在日本軍部上層，「確保滿蒙先行」論開始抬頭。

1931 年 4 月，日軍參謀部擬定《昭和六（1931）年度形勢判斷》，就怎樣解決「滿洲」問題進行了討論。確定解決「滿蒙」問題分 3 步走：

> 第一步，改變日本所謂「正當權益」被損害的現狀，確保並進而擴大這一權益；第二步，在「滿蒙」組成一個從中國中央政府獨立出來的新政權；第三步，完全占領中國東北。

根據這一計劃，1931 年 6 月 11 日，在參謀部作戰部長建川美次的主持下，召開了陸軍省和陸軍參謀部的軍事、人事、編制、歐美和中國科「五科長會議」，進一步商定行動綱領。

6 月 19 日，制定出《解決滿洲問題方策大綱》，規定在此後一年內，要讓國內外透徹地瞭解「滿蒙」的實際狀況和日本的立場，做好轉入軍事行動的準備。7 月，關東軍參謀長三宅光治到東京，將上述《大綱》作為指令下達給關東軍。

德義日法西斯的產生

與此同時，日本關東軍一手導演了「萬寶山流血事件」。

萬寶山在吉林省長春東北 30 公里的長春縣三區境內。這裡完全是中國政府所轄之地，既不是「滿鐵」附屬地，也不屬於 1909 年簽訂的《中日圖門江界約》所定的特區。

1931 年 4 月，在長春日本領事館的唆使下，朝鮮人李升熏等來到該地，私自租用「長農稻田公司」經理郝永德轉手租來的荒地 7,500 畝。在租約未經長春縣政府批准的情況下，擅自僱用朝鮮人挖渠，毀當地農戶耕地，引起糾紛。

日本駐長春領事館以為有機可乘，遂派日警開赴萬寶山施工現場，鎮壓中國民眾。

7 月，日本帝國主義控制的報紙在朝鮮散發「號外」，造謠說：朝鮮人在萬寶山「被害數百名」，蓄意煽動報復情緒，以致在朝鮮境內一些主要城市發生了一系列排華暴行，但日本總督府和地方當局故意不予理睬。日本統治集團乘機極力煽動戰爭。首相若槻禮次郎於 7 月 9 日在秋田舉行的民政黨大會上聲稱：

> 中國處理措施如有非法不當之處，為保衛國家的生存，一定要不怕任何的犧牲，勇敢奮起，國民不可放鬆這種準備。

政友會總務長以調查事件為名，於 8 月到中國東北活動，回國後煽動說：「滿蒙事態嚴重，日本的生存權眼看只有

日復一日地趨向土崩瓦解。要挽救這種局面，除了發動國力別無它法。」

「萬寶山事件」未平，1931 年 8 月 17 日，日本陸軍省發表公報，宣稱：

> 日本參謀部部員、步兵上尉中村震太郎一行「向洮南旅行」，被中國興安屯墾軍「非法綁架監禁」，遭到槍殺。

事情的真相是：1931 年 6 月，中村震太郎奉參謀部命令到中國東北執行祕密軍事偵察任務。

中村化裝成「農學家」偕退伍軍人井杉延太郎等 4 人，在對中國興安屯墾區進行軍事地理調查後，經洮南返回途中，被東北屯墾軍第三團在淮安區餘公府查獲。當即「由褲內搜出日俄文軍用地圖 2 張，日記 3 本，筆記錄 3 張」，對「雨量、氣候、村落、居民、土質、水井以及可容駐的兵力等都記載很詳」。

同時，還搜出了槍支及其他間諜用器材。屯墾軍以證據確鑿，認定中村一行為軍事間諜。團長關玉衡下令將 4 名軍事間諜犯處決。本來中國方面為維護國家主權而處置一個證據確鑿的間諜無可非議，但是別有用心的日本當局卻借題發揮，一方面向中國政府抗議，另一方面煽動反華戰爭熱潮。

前關東軍司令官白川義則等人隆在軍事參議官會議上提

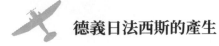

出，「應利用中村事件這個機會訴諸武力，一舉解決各項懸案，確保我之各項權益」。關東軍作戰主任參謀石原莞爾則認為：「中村事件是向附屬地以外的地方出兵之天賜良機，甚至可以成為在柳條溝行使武力的前提。」

8 月 24 日，陸軍省決定：在中方否認處決中村或得不到滿意解決的情況下，「有必要對洮南地區實行保護性占領」。

世界法西斯運動的濁浪

在法國，經濟危機期間，失業率上升，社會動盪，罷工、示威遊行此起彼伏。在這種形勢下，許多創建於 1920 年代、具有法西斯色彩的極右組織，至 1930 年代異常活躍，形成法西斯運動，力圖在政治上發揮作用。

在這些極右翼團體中，有「愛國青年」、「束棒」雷諾領導的「法蘭西團結」以及「法蘭西主義」等。

這些組織中，有的公開標榜是真正的法西斯組織。例如，「束棒」和「法蘭西主義」，從綱領到行動，對德國特別是對義大利法西斯極為模仿，但是沒有爭取到多少群眾。

而一些團體和組織懾於法國公眾對好戰的法西斯主義，特別是對德國納粹主義的蔑視，雖在思想和方法上都與法西斯主義一脈相承，但否認自己是信仰法西斯主義的組織。

極右團體利用經濟危機，瘋狂地反對馬克思主義，反對

無產階級革命，攻擊議會民主制，宣揚反動的民族主義，叫囂維護法蘭西殖民帝國，攻擊資本主義的弊病，舉行規模巨大的集會，號召失業者和民眾起來反對無能的政府。

議會裡某些極右翼政治家同社會上的這些集團遙相呼應，要摧毀議會制，建立法西斯獨裁政權。

1934 年，極右分子認為時機已到，大肆宣揚共和國政府貪汙腐敗，要求結束共和國。2 月，一群法西斯暴徒聚集在協和廣場，威脅國民議會，同警察交火，數人被打死，數百人受傷。

極右翼分子的這些宣傳活動，吸引和爭取了一些中小資產階級成員，發展成為法西斯運動。

在法國，最早的法西斯組織當屬法蘭西行動黨。該黨創建於 1899 年，是法國的極右翼組織，第一次世界大戰前公開反對共和制和議會民主，主張在法國恢復世襲的君主制。

第一次世界大戰後受義大利法西斯運動的影響，它一方面提出在法國建立一個類似於義大利的退伍軍人組織；另一方面出版有關法西斯主義的書籍，積極宣揚法西斯主義。

義大利法西斯政權建立後，法蘭西行動黨領導人萊昂‧都德宣稱，該黨「不久將透過暴力奪取政權」。這之後，法蘭西行動黨以及法國其他名目的法西斯組織雖然均有所發展，其中有「英國法西斯黨」、「法西斯同盟」、「英國民族法西斯黨」和「帝國法西斯同盟」等。1930 年代初，因受到

經濟危機的嚴重打擊,出現了規模較大的法西斯運動。

1932 年,奧斯瓦德‧莫斯利爵士建立「英國法西斯同盟」。在組織上,「英國法西斯同盟」是一個十足的獨裁黨。黨的幹部不透過選舉,而由上級任命,在自己職權範圍內享有絕對權威。黨的一切決策均由領袖莫斯利一人決定,黨的會議力求排場威嚴。

在政治方面,莫斯利完全贊同希特勒的反猶主義,要求廢除所有政黨和政黨制度。在社會政策方面,莫斯利許諾,要向貧困與失業開戰,要大力開展公共建設,推行醫療健康事業,結束「金融匪徒的控制」。

在大城市,法西斯同盟的「黑衫團」和「法西斯防衛組織」舉行社會抗議活動,召開露天大會,挑起巷戰,組織法西斯大規模進軍等。

莫斯利和法西斯同盟由於能夠吸引中小資產者下層和工人階級的許多青少年,故在 1937 年 3 月倫敦郡議會選舉中,法西斯分子在倫敦東區取得重大勝利。

至 1938 年,約有 10 萬餘人短期內參加過這一組織。它們雖然在形式上也學義大利法西斯分子身著黑衫、行舉手禮,甚至把「束棒」作為自己的標誌,但其宗旨卻與意德法西斯不同。它們幾乎都是要確保英帝國在戰後所取得的優勢地位。

　　但由於英國是個具有長期議會民主制傳統的國家，加之法西斯運動缺乏牢固的群眾基礎，所以對英國的政局沒有產生實質性影響。

　　在羅馬尼亞，法西斯運動是從反布爾什維克而臭名遠颺的科內柳‧澤列亞‧科德雷亞努為代表的一批極端民族主義分子，打起宗教旗號進行反猶活動開始的。

　　科德雷亞努首先於 1922 年在扎希大學建立「基督教學生聯合會」，提出廢除議會民主制。

　　1923 年，為了吸引那些有極端民族主義思想的人參加該組織，他將其更名為「十字架兄弟會」，後又改名為「天使長米哈依爾軍團」，最後發展成為法西斯組織「鐵衛軍」。

　　在匈牙利，名噪一時的極端民族主義分子格姆伯斯，於1919 年組成一個既有文人又有軍人的反猶團體，自诩為「匈牙利的民族社會主義黨人」。它以猶太人正在消耗匈牙利的國家力量為藉口，進行瘋狂的反猶活動。1921 年，他開始同慕尼黑的正在組織反革命活動的德國極右翼勢力領導人進行接觸，隨後在匈牙利建立法西斯組織「種族防禦黨」。

　　義大利法西斯分子向羅馬進軍後，受其影響，格姆伯斯企圖在匈牙利建立法西斯政權，並且把自己打扮成匈牙利的「墨索里尼」，希望在匈牙利攝政王霍爾蒂之下，統治整個國家。

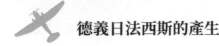

德義日法西斯的產生

　　在芬蘭，法西斯運動是從反布爾什維主義開始的。1922年年初，3個從東卡累利阿戰場返回的軍人發起建立「大學生卡累利阿協會」，提出向外擴張，建立「大芬蘭國」；要求所有參加該協會的人都必須要結成「仇恨俄國人的兄弟」，而且要宣誓把自己的「事業與生命獻給祖國」，獻給「大芬蘭國」。

　　當時，在芬蘭還有另一支親法西斯勢力，即內戰中的白軍。戰後這支部隊沒有解散，而是改名為「國民衛隊」，與國家正規軍同時存在。它裝備精良，有自己的總司令。

　　義大利法西斯運動的得勢對它產生強烈影響，表現為國民衛隊隊員開始對革命運動及其領導人採取暴力恐怖行動。

　　在美國，法西斯主義在經濟大危機時期得到了滋生和泛濫。1932年，美國中西部成立了祕密法西斯組織「黑色軍團」，亞特蘭大成立了「美國法西斯協會」和「黑衣社」，專門從事暗殺、綁架和破壞活動；1933年1月，在加州南部成立了「銀行社」，與德國納粹黨關係密切；1933年6月，建立了「民族工業恢復行動」組織。

　　在美國各地，還湧現出「美國自由同盟」、「社會正義同盟」、「德美同盟」、「白衣黨」、「藍衣社」、「十字軍」和「分享財富會」等許多法西斯組織；至1939年底，美國法西斯組織約有250個，其勢力發展到了頂峰。這些法西斯

組織廣泛建立武裝，進行陰謀活動，甚至妄圖推翻羅斯福政府，在美國建立法西斯獨裁。

除此之外，在經濟危機期間，一些右翼組織恢復活動。這些組織在美國也有一定的規模和影響，企圖把「群眾的失望心理和不滿情緒，引上反動的法西斯軌道」。

在瑞典和丹麥，法西斯黨是納粹黨的翻版。在挪威，同樣建立了「民族聯合黨」。在西班牙和葡萄牙等國，同樣找到了擁護者。在東歐國家，法西斯主義同樣有相當大號召力。

上述國家雖然存在著規模不同的法西斯運動，但是這些國家的法西斯組織活動分散，未形成一個強大、統一的組織，也未採取統一行動。

儘管如此，法西斯運動掀起的濁浪，仍然對西方民主制構成威脅。美國、英國、法國等資產階級民主制比較完備的國家，對資產階級議會民主制進行了調整，採取了一些措施，阻止了法西斯勢力的發展和上臺，但在義、德、日等國卻相繼建立起法西斯極權體制。

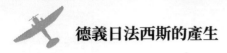 **德義日法西斯的產生**

世界各國的基本局勢

內憂外患的中國政局

中國是一個幅員遼闊人口眾多的多民族國家,是世界文明發達最早的國家之一,燦爛的中國古代文化、科技,極大地促進了世界東西方文明的發展。

但是,由於長期的封建專制制度,特別是晚清政府的閉關鎖國和腐敗統治,自 19 世紀中葉以後,中國逐漸落後於西方資本主義世界,帝國主義列強的頻頻入侵,使中國淪為半殖民地半封建國家。

由於帝國主義的侵略總是與封建統治的壓迫相結合,帝國主義和中華民族的矛盾、封建主義和人民大眾的矛盾,形成了近代中國社會的主要矛盾,並給中國人民的革命抗爭提出了反對帝國主義和封建主義的雙重任務。

自 1840 年反對英國侵略抗爭開始,中國人民先後發動太平天國運動、戊戌變法運動、義和團運動等,尋求富國強兵、挽救民族危機的道路,尤其是 1911 年爆發的辛亥革命,將中國的舊民主主義革命推到了一個新的高峰。

以孫中山為首的資產階級民主革命派,在南京組織臨時政府,並採取一系列促進資本主義經濟發展的措施,頒布《中華民國臨時約法》。南京臨時政府的成立,代表著中國第一個資產階級民主共和國的建立,代表著清王朝近 300 年統治的覆滅和中國數千年封建君主制的結束。

1925 年 1 月，孫中山病情加重，26 日，德俄兩國醫生為他施行手術，確診為肝癌晚期。3 月 12 日上午 9 時 30 分，孫中山病逝於北京鐵獅子胡同 11 號。他在遺囑中指出，要達到中國之自由平等，「必須喚起民眾，及聯合世界上以平等待我之民族，共同奮鬥」；並強調「開國民會議及廢除不平等條約，必須於最短期間，促其實現」。

國民政府成立後，採取了一些整頓和改革措施來加強政權建設。

1925 年 8 月 26 日，廣州國民政府為消除軍令不統一的狀態，取消了地方軍名稱，設立軍事委員會，並將駐廣東的各支軍隊統一改編為國民革命軍，歸國民政府軍事委員會指揮。廣州國民政府於 1926 年 7 月進行了北伐戰爭，打倒了吳佩孚、孫傳芳等舊軍閥勢力。

北伐戰爭的勝利，引起了國內外反動勢力的恐慌，英日美等帝國主義除繼續支持北洋軍閥殘餘勢力、進行直接武裝干涉外，還分化破壞國民革命統一戰線。

1927 年 4 月 12 日國民政府在上海發動了「東南清黨」事件，大規模逮捕、處決中國共產黨黨員和部分國民黨左派，並取締蘇聯顧問。7 月 15 日，在武漢的汪精衛也召開「武漢分共」會議，宣布停止與中國共產黨的合作。至此第一次國共合作正式結束。

1928 年二三月間，在蔣介石的示意下，國民黨二屆四中

全會和中央政治會議，先後選舉他為中央執行委員會常委、軍事委員會主席和中央政治會議主席。

蔣介石集國民黨黨政軍大權於一身，大大加強了他的地位。

國民黨二屆四中全會後，蔣介石把各派軍閥的軍隊分別改編為 4 個集團軍：蔣介石自兼第一集團軍總司令，馮玉祥為第二集團軍總司令，閻錫山為第三集團軍總司令，李宗仁為第四集團軍總司令。4 月，為了以「武力統一」全國，蔣介石舉起了「北伐」奉系軍閥張作霖的旗幟，並很快逼近北京、天津。張作霖見京、津難保，遂決定放棄北京退回瀋陽。6 月 4 日，在瀋陽皇姑屯車站被日軍炸死。國民黨進占北京、天津後，由於受到日本的威脅，便決定不再向東北進軍，而改用和平方法解決。

對日本有殺父之仇的張學良順應東北人民反對日帝、渴求全國統一的願望於 1928 年 12 月 29 日發表通電，宣布「遵守三民主義，服從國民政府，改旗易幟」。

30 日，南京國民政府任命張學良為東北邊防軍總司令官。在此以前，西南各省已先後通電擁護蔣介石，新疆、熱河也宣布「易幟」。至此，南京國民政府在形式上完成了國家「統一」。

南京國民政府雖然結束了北洋軍閥和奉系軍閥統治的割據局面，但國家情勢仍不樂觀，處處受限於國外帝國主義的

壓力。

1928 年 3 月，國民政府與英美帝國主義談判 1927 年 3 月 24 日炮擊南京的事件時，南京政府答應美方「懲凶」和「保障美人在華安全」的要求，並下令處決「肇事士兵及流氓」。關於賠償一事，美方索賠甚巨。因英美炮擊也造成了中方百姓的重大傷亡和財產損失，南京政府希望美國能表示些許歉意做做樣子，但美方態度強硬，只同意為考慮南京政府面子，不把賠償寫入任何正式文件，祕密進行。由於美方在交涉中沒有讓步，美國國內認為此事是外交上的一項勝利，而中國國內輿論則對此表示了普遍的不滿。

1928 年 5 月 3 日，日本帝國主義為了阻止國民革命軍「北伐」占領濟南，悍然出兵濟南，屠殺中國和平軍民，製造了「濟南慘案」。

日本侵略軍還殘殺了當時前往交涉此事的中國外交代表蔡公時及其下屬 17 人。對蔡公時橫施暴行，先割去其耳、鼻、舌頭，挖掉雙眼，再加以殘殺。

1929 年 1 月，國民政府與日本當局就此案談判，訂立四項原則：

1. 在山東日軍無條件撤退；
2. 濟案責任，由中日合組調查委員會於日軍撤退進行調查後，再行確定，並查明損失；

207

3. 賠償以平等相同為原則；

4. 蔡公時被害，日本不知其為外交官，允由日本政府另行道歉，不再提要求。

然而日方仍不肯簽字，談判再次停頓。

雖然南京國民政府為了順應「濟南慘案」後全國各階層人民的強烈反帝要求，從 1928 年 7 月起，向帝國主義列強開展了某些外交抗爭，發起了以收回關稅自主權、廢除領事裁判權為主要內容的「改訂新約運動」，但收效甚微。

在關稅問題上，南京政府陸續與美、德、挪、荷、比、義、葡、西、英、法、日等 10 多個國家，重訂了通商或關稅新約。這些新約雖承認中國關稅自主，雙方對等，相互享受最惠國待遇，但由於中國產業落後，出口商品少，不可能獲得與帝國主義同等的利益。

更何況有些新約，並未放棄對中國徵稅的制約，中國海關的行政權仍掌握在外國人手中，總稅務司繼續由英國人擔任，各地海關要職也多為外國人據有。所謂「關稅自主」並未取得多少成效。

在廢除領事裁判權方面，帝國主義列強連形式上的讓步也沒有。

1928 年至 1929 年間，南京政府就廢除領事裁判權問題向有關國家分別發出照會，但各國以種種藉口一拖再拖，不

予允諾。直至 1929 年年底，各國才勉強表示願酌情改善領事裁判權制度。據此，南京政府急忙宣稱，自 1930 年 1 月 1 日起，凡僑居中國的外國國民，應「一律遵守中國中央政府及地方政府依法頒布之法令規章」。

美英法政府對此毫不含糊，立即發表聲明作出解釋，指出，1930 年 1 月 1 日僅僅是逐漸取消治外法權日期的開始而已。

1931 年 5 月，南京政府又公布了《管轄在華外國人實施條例》，並規定於 1932 年元旦起施行。不久，「九一八事變」爆發，南京政府只得通令暫緩實行，取消領事裁判權一事不了了之。

由此可見，南京國民政府建立對全國的統治以後，尚無法改變中國半殖民地半封建社會的地位。

中國共產黨在共產國際的授意與蘇俄的支持下，以 1927 年 8 月 1 日南昌起義為開端，走上了武裝暴力奪取政權的行動。

1927 年 9 月 5 日，毛澤東在湖南、江西邊界發動兩湖秋收暴動；10 月，楊善集、王文明、馮白駒等人在廣東瓊崖發動武裝暴動；同月，彭湃在廣東海陸豐地區領導農民自衛軍作亂；11 月，潘海忠、吳光浩領導湖北黃安、麻城武裝暴動；12 月 11 日，中共廣東省委書記張太雷及葉挺、惲代英領導了

廣州暴動；1928 年 1 月，方志敏等人在江西弋陽、橫峰領導武裝暴動；3 月，賀龍、周逸群到洪湖、湘鄂邊開展武裝暴動；3 月至 6 月，郭滴人、鄧子恢等人在閩西永定等地區先後領導武裝暴動；5 月有，在中共陝西地方組織的領導下，劉志丹發動渭南華縣暴動；7 月，彭德懷、滕代遠、黃公略領導湖南平江暴動。

毛澤東領導的秋收起事部隊於 1927 年 10 月到達井岡山，創建了農村革命根據地。1928 年 4 月底，由朱德、陳毅領導的南昌起事部隊到達井岡山，同毛澤東率領的工農革命軍會師。

5 月 4 日，兩軍召開軍民大會，宣布成立中國工農革命軍第四軍。朱毛軍隊的勝利會師，使紅軍的力量大大增強。

1930 年 8 月 27 日，國民黨武漢行營主任何應欽奉蔣介石命令，在武漢召集湘鄂贛三省黨、政、軍高級官員舉行「綏靖會議」，策劃合力對紅軍和其據點進行「圍剿」。

會議通過了《湘鄂贛三省剿匪實施大綱案》，確定了以軍事為主，黨務、政務密切配合，分別「圍剿」各個蘇區紅軍的總方針。接著，陸續向各起事據點周圍調動軍隊。1930 年 12 月，蔣介石調集 10 萬兵力，以魯滌平為總指揮，進攻贛南。中央紅軍在毛澤東指揮下，突圍打破國民政府第一次「圍剿」。1931 年 4 月，蔣介石以何應欽為總指揮，率國民黨軍 20 萬對贛南區和閩西區進行第二次「圍剿」。7 月初，

蔣介石又調動兵力 30 萬人，自任總司令，對贛南區和閩西區實行第三次「圍剿」，因九一八事變爆發，第三次圍剿無疾而終。

隨著國民政府圍剿不力，贛南、閩西起事據點連成一片，鄂豫皖和閩浙贛起事據點也得到發展。各起事據點的各級工農民主政權先後建立。

1931 年 11 月 7 日至 20 日，中華蘇維埃第一次全國代表大會在江西瑞金的葉坪召開。大會通過了《中華蘇維埃共和國憲法大綱》及土地法、勞動法、經濟政策、紅軍問題和少數民族問題等重要的法律和決議，選舉產生了中央執行委員會。

25 日，組成中央革命軍事委員會，27 日，中央執行委員會第一次會議選舉毛澤東為主席，組成以毛澤東為主席的中央人民委員會。瑞金定為中華蘇維埃共和國首都，中華蘇維埃共和國臨時中央政府宣告成立，形成了與南京國民政府兩個政權根本對立的局面。

蘇聯建成社會主義國家

蘇聯是第一次世界大戰後世界上誕生的第一個社會主義國家。十月革命前，俄國是一個經濟文化落後、小農經濟占主導地位的農業國。本已薄弱的工業基礎，在第一次世界大戰和國內戰爭時期又遭到嚴重破壞。

十月革命勝利後，蘇聯一直處於資本主義國家的包圍和戰爭威脅之中，成為一個社會主義孤島。

德國投降後，協約國利用世界大戰結束之機向蘇俄增派了大量軍隊，很快就在其南部集結了 13 萬軍隊，並同白軍一起向北推進。但是，協約國的軍隊在布爾什維克的宣傳影響下發生分化，很多士兵拒絕作戰。

1920 年年底，國內戰爭基本結束，但是，遠東地區仍被日本侵略軍和白軍占領。蘇俄為了避免同日本發生直接武裝衝突，決定在貝加爾湖以東地區建一緩衝國家。

1920 年 4 月，遠東共和國正式宣告成立。它不是工農蘇維埃國家，而是勞動人民的民主共和國，符拉迪沃斯托克接受俄國中央遠東局的領導。

遠東共和國成立後，把紅軍和游擊隊改組為人民革命軍。10 月 25 日，人民革命軍開進符拉迪沃斯托克（即海參崴），把最後一支外國侵略軍趕出國境。

1922 年 11 月，遠東共和國併入俄羅斯聯邦共和國。

12 月 30 日，蘇維埃社會主義共和國聯盟蘇維埃第一次代表大會在莫斯科大劇院開幕。

史達林宣讀了蘇維埃社會主義共和國聯盟成立宣言和成立條約。大會一致通過了《成立蘇維埃社會主義共和國聯盟的決議》，決議規定，保證這個聯盟是各個平等民族的自願

聯合，保證每個共和國有自由退出聯盟的權利，保證一切蘇維埃社會主義共和國都可以加入聯盟。蘇維埃社會主義共和國聯盟，即「蘇聯」的成立，為蘇維埃國家各民族的發展開闢了廣闊的前景。

1924 年 1 月，蘇聯蘇維埃第二次代表大會批准蘇聯第一部憲法，完成建立蘇維埃聯盟國家的立法手續。

1925 年 12 月，聯共（布）第十四次代表大會通過決議，確立了社會主義工業化的方針：

> 要使蘇聯從一個輸入機器和設備的國家變成生產機器和設備的國家，從而使蘇聯在資本主義包圍環境下絕不會變成資本主義世界經濟的附庸，而成為一個按社會主義方式進行建設的獨立的經濟國家。

1926 年 7 月，以季諾維也夫、加米涅夫為首的「新反對派」同托洛茨基等人結成了一個新的反對派聯盟，簡稱「托季聯盟」。他們提出比較系統的理論、政治綱領。同年 7 月，托季聯盟的第一個聯合行動，是向聯共（布）中央提交了一份《三人聲明》。

7 月，聯共（布）召開中央全會，在經濟問題、工業化問題和農村政策問題上展開了十分激烈的爭論。全會決定將季諾維也夫開除出黨中央政治局，將拉舍維奇開除出中央委員會。9 月和 10 月，托季聯盟在全國發起公開爭論。

10 月 16 日，托洛茨基、季諾維也夫、加米涅夫、皮達可夫、索柯里尼柯夫、葉甫多基莫夫等 6 名反對派首領發表聲明，表示放棄派別活動，但仍然堅持自己的觀點。

10 月 23 日至 26 日，聯共（布）中央和中央監委召開聯席全會，決定撤銷托洛茨基的政治局委員職務和加米涅夫的政治局候補委員職務，解除季諾維也夫的共產國際主席職務。

1927 年 5 月 26 日，托洛茨基、葉甫多基莫夫、斯米爾加聯名寫信給中央政治局，遞交了一份由 83 名共產黨員簽名的《八十三人政綱》，聲明聯共（布）中央對外執行了一條右傾路線，對內則繼續執行錯誤的路線，在工業、農業和黨內生活方面出現了危機，提出克服黨內分歧和加強黨的團結。

1927 年秋，國內出現了商品荒，釀成了糧食收購危機。這種情況嚴重威脅著國家的糧食供應和出口，進而威脅國家工業化的進程。因此，克服糧食危機成為擺在蘇聯黨政領導人面前的緊迫任務。

為了從根本上解決糧食問題，1927 年年底，根據聯共（布）第十五次代表大會提出的大力開展農業集體化的方針，蘇聯開始了農業集體化運動。

1929 年 12 月，聯共（布）中央政治局成立了以雅可夫列夫為首的集體化委員會，領導農業集體化運動。

1930 年 1 月 5 日，聯共（布）中央通過了《關於集體化的速度和國家幫助集體農莊建設的辦法》的決議，把全國完成集體化的速度分為三類地區。

3 月 14 日，聯共（布）中央通過了《關於反對歪曲黨在集體農莊運動中的路線》的決議，糾正全盤集體化運動中的「左」傾錯誤，禁止採取強制手段實行集體化。

根據聯共（布）第十五次代表大會的決議，蘇聯從 1928 年至 1933 年實行發展國民經濟的第一個五年計劃。第一個五年計劃的基本任務是，在短時期內建立起對國民經濟技術改造的基礎，把蘇聯從一個農業國改變成為一個工業國，變成一個強大的、不依賴於資本主義國家的經濟上獨立的國家。

蘇聯人民在聯共（布）黨的領導下，為實現第一個五年計劃進行了艱苦卓絕的努力。聯共（布）黨在 1931 年提出了「在社會主義改造時期，技術決定一切」的口號，黨號召廣大幹部、群眾努力學習技術，精通技術。全國掀起了學習新技術的熱潮。

第一個五年計劃，蘇聯工業投資 248 億盧布，新建工礦企業 150D 多個，其中大部分為大型現代化企業。結果，工業固定資產增加 1.2 倍。工業總產值比 1928 年增長 102%，年均達 19.2%。到 1932 年，工業在工農業總產值中的比重已上升到 70.7%。

從 1933 年起，蘇聯開始執行國民經濟發展的第二個五年計劃，目的在於完成國家的工業化，為一切國民經濟部門建立最新的技術基礎。

在第二個五年計劃期間，蘇聯進一步擴大了工業建設的規模，基建投資總額比第一個五年計劃時期增加了 1.2 倍，新建成工業企業 4,500 個。工業總產值由 435 億盧布增長到 955 億盧布，增加了 1.2 倍，已躍居歐洲第一位，世界第二位。

到 1937 年，蘇聯基本上實現了全國工業的技術改造，工業產值在工農業總產值中的比重已上升到 77.4％；建立了部門齊全的大工業體系，能夠以一切必要的技術裝備保證國民經濟和國防的需要。

蘇聯的第三個五年計劃是從 1938 年開始實施的。由於希特勒德國的戰爭威脅越來越大，使蘇聯把愈來愈多的資金用於加強國防工業。到 1940 年，蘇聯國防工業產品的產量增長了 1.8 倍，而整個工業的產量只增加 45％；這一時期工業產值年增長速度，國防工業為 39％，整個工業為五 3.2％。這就為蘇德戰爭爆發後蘇聯經濟迅速轉入戰時軌道奠定了基礎。

在工業化的道路上，蘇聯始終把優先發展重工業作為社會主義工業化的核心和重點。工業化開始階段，重工業的投資占了整個工業投資的 3/4，重工業的固定資產增加了 58％，與 1917 年相比，重工業總產值增加了差不多 1 倍，在

工業總產值中，重工業由 1913 年的 33.3％上升到 1928 年的
39.5％。

工業化全面展開階段，根據應當使「重工業生產部門獲
得最快的發展速度，即它們能在最短期間提高蘇聯的經濟實
力和國防實力，能於遭受經濟封鎖時保證我國發展的可能，
能減輕我國對資本主義世界的依賴性」的方針，工業投資的
重點仍舊為重工業，約占工業總投資的 86％，大大超過了前
一時期的水準。

結果，重工業的固定資產增加了 2 倍，產值增長 1.73
倍，年增長率達 28.5％；而同期輕工業的增長僅為 56％，年
增長率只有 11.7％。

第二個五年計劃期間是蘇聯工業化基本完成階段。在編
制計劃時，黨和政府決定調整工業內部結構，加快發展輕工
業步伐。第二個五年計劃規定，1933 ～ 1937 年間，輕工業年
增長率將由第一個五年計劃期間的 13.2％提高到 18.5％，農
業由 2.6％提高到 14.9％，重工業則由 40.1％降低到 14.5％。
也就是說，輕工業將是這期間增長最快的工業部門。

但是，由於法西斯在德國上臺，國際形勢惡化，戰爭威
脅增大，不得不加強國防，因而調整計劃未能實現，重工業
年增長速度仍高達 19％，產值增長達 1.4 倍；而輕工業年增
長速度為 14.8％，產值增長 1 倍。

在社會主義工業化中，蘇聯十分注重技術裝備的更新換代，把機器製造業列為工業發展核心的核心。第二個五年計劃期間，其產值幾乎增長 2 倍，比整個工業的增長速度高出 2/3。這就為國民經濟各部門提供了越來越多的新技術、新設備，使各行業的機械化程度大大提高。整個工業所用的生產工具和設備在 1933 ～ 1937 年間有 50 ～ 60％得到了更新。1937 年工業總產值的 80％以上是由新建和徹底改造過的企業創造的。

與此同時，蘇聯還利用西方國家的經濟危機，大量引進西方的先進的設備、技術，以奠定本國的工業基礎，然後逐漸縮減進口，用本國產品取代同類進口產品。1931 年蘇聯購買的機器設備約占世界機器設備出口總額的 1/3，1932 年上升為 50％左右。

在國家工業化進程中，蘇聯黨和政府一直重視技術幹部的培訓工作。史達林先後提出了「革命青年向科學進軍」、「技術決定一切」、「幹部決定一切」等口號，對解決技術和幹部問題起了重大作用。

蘇聯在優先發展重工業的同時，對工業布局特別是工業的地區布局十分重視。第一個五年計劃期間，在烏克蘭、高加索、白俄羅斯、哈薩克斯坦等地建立了新的工業基地。第二個五年計劃期間，又將重工業新建投資的半數資金用於東

部地區。

　蘇聯工業特別是重工業的東移，使蘇聯的工業分布更趨合理，這對加強戰備、開發資源，具有非常重要的意義。

　蘇聯以優先發展重工業為特徵的工業化的完成，使蘇聯變成了一個經濟獨立的國家，達到能供給本國經濟和國防必需的一切技術裝備。這就為蘇聯的國防工業提供了堅實的物質技術基礎，同時也為蘇聯在戰時迅速完成國民經濟改組、轉入戰時體制創造了條件。而技術人才的增多又為蘇聯國防工業提供了活的技術準備。

英國經濟束縛軍備發展

　在第一世界大戰中，英國是戰勝國，在「巴黎和會」上獲得了最大利益，並與法國控制了國際聯盟。但是，英國國內的形勢並不樂觀。

　兩次世界大戰之間的年代，可以說是英國由技術陳舊的 19 世紀經濟，向培養新技術基礎之上的現代經濟轉變的過渡階段。由於這是一場深刻的變化，所以英國的經濟表現出起伏，主要表現為頻繁的工人罷工抗爭。

　英國的戰後復生正面臨該國有史以來最嚴重的工業困境。1921 年 4 月 15 日，英國的工業陷入癱瘓狀態。

　1922 年 10 月 19 日，首相勞合·喬治宣布他的政府辭職，

並推薦請安德魯·博納·勞組成新政府。

　　第一次世界大戰以後，由於工黨的日益強大而削弱了的自由黨，依靠和保守黨的聯合治理國家。許多保守黨人對和自由黨的這種合作越來越不感興趣，在紐波特的補缺選舉中達到了頂峰。預料能輕易獲勝的聯合候選人，意外地被保守黨候選人擊敗。保守黨人立刻反對聯合政府，削弱了喬治的基礎，迫使他辭職。

　　除此之外，還有另外一些問題困擾勞合·喬治。

　　1921 年，他和愛爾蘭簽訂的條約使某些保守黨人感到被出賣了。許多批評家還指責他輕率處理了一項外交事務，這恐怕會導致與土耳其的一場新戰爭。

　　1923 年 12 月 6 日，英國舉行大選。執政黨保守黨因內外政策交困、經濟長期蕭條，在議院的席位大量減少，工黨席位大增，成為第二大黨。但保守黨和自由黨存在嚴重矛盾，不能在組閣問題上達成共識。

　　1924 年 1 月，在自由黨的支持下組成了英國歷史上第一個工黨政府，詹姆士·拉姆賽·麥克唐納擔任首相兼外交大臣。麥克唐納政府實行了一些進步措施，如制訂國家資助工人住宅建築計劃，增加失業者補助金，降低茶糖等食品的消費稅，外交上正式承認蘇聯等。

　　但工黨在競選時對工人和人民群眾許下的種種諾言遠未

能兌現，如沒有實行煤礦和鐵路國有化，沒有開徵財產稅以及增加給企業主的貸款，在殖民地問題上實現與保守黨政府同樣的侵略鎮壓政策等。

1924 年 1 月 29 日，倫敦工人代表團代表 150 萬倫敦工人，向剛上臺執政的英國工黨麥克唐納政府請願，反對英國政府對蘇聯採取不承認政策，宣布將舉行罷工表示抗議。麥克唐納政府迫於工人階級和人民群眾的壓力，於同年 2 月 2 日正式承認蘇聯政府為合法政府。

2 月 27 日，蘇英兩國正式建交。

由於工黨政府對資產階級唯命是從，很快引起了廣大勞動人民的不滿，工人罷工事件屢屢發生。工黨政府敵視和鎮壓工人罷工，甚至宣布全國處於緊急狀態，從而使其威信掃地。麥克唐納於 10 月初宣布解散國會，舉行新的大選。11 月 4 日麥克唐納辭職，首屆工黨政府結束。

1926 年 6 月，英國保守黨政府反對蘇德簽訂友好中立條約，並以此為由進行反蘇活動。

1927 年 6 月，蘇英兩國斷交。1929 年夏，英國麥克唐納工黨政府重新上臺，開始同蘇聯進行復交談判。10 月，蘇英兩國政府正式復交。這表明蘇聯在國際事務中開始發揮越來越重要的作用。

在 10 月分的大選中，保守黨斯坦利·鮑德溫再次執政，

並在 11 月 6 日任命工黨政府的新內閣成員。人們期望新內閣能夠結束 3 年來使一切陷於癱瘓的罷工所引起的騷亂。

新內閣成員中有張伯倫兄弟倆：前任印度事務國務大臣奧斯汀・張伯倫爵士任外交大臣；他的兄弟內維爾・張伯倫任衛生大臣。鮑德溫首相任命 1904 年從保守黨轉為自由黨而又轉為保守黨的人 —— 溫斯頓・丘吉爾 —— 擔任財政大臣。

1925 年夏，英國的礦主們在斯坦裡・鮑德溫保守黨政府的支持下，於 1925 年 7 月 31 日舉行了同盟總罷工。由於鮑德溫政府和資方尚未做好應付準備，被迫讓步。工人階級把 7 月 31 日星期五這一天稱為「紅色星期五」。

但是，資產階級的讓步都是預謀的。資產階級和政府利用抗爭暫時緩和的時機，加緊強化警察力量，逮捕共產黨人和工會運動的左翼領導人，而且儲存了煤炭、糧食等生活必需品。政府還成立了「煤礦業調查委員會」。

1926 年 3 月 10 日，「調查委員會」公布報告，同意礦主降低礦工薪資 10%，工作日延長一小時。

1926 年 4 月中旬，在 9 個月的薪資補貼即將期滿的時候，礦主們又重新提出降低工人薪資 10%、工作日延長一小時的無理要求，並宣布從 5 月 1 日起封閉煤礦，實行所謂同盟歇業，並不再與礦工簽訂全國性的集團合約。這引起了礦工的

極大不滿，共產黨積極領導了工人的抗爭，提出了「薪資不得少一個，工時不得加一分」的口號。

但職工大會最高委員會卻仍致力於同資方進行拖延時間的談判。由於 5 月 1 日以後大批礦工被解僱，於是被迫宣布從 5 月 3 日起開始總罷工，使全國經濟生活陷於癱瘓。工人們自動組織糾察隊，建立行動委員會、罷工委員會來領導抗爭。

政府和壟斷資產階級受到沉重打擊，罷工得到國際無產階級組織的積極支持。蘇聯、中國、美國和西歐等國家的工人和勞動者都募集捐款，支援英國工人。

但是，作為總罷工的領導、工黨分子與共產黨人之間存在嚴重分歧，把持工會總理事會領導權的工黨右翼分子，背著工人與政府和企業主祕密談判。

1926 年 5 月 11 日，政府最高法院裁決此次罷工為「非法」。工會總理事會竟然屈服於裁決，僅在得到官方同意恢復了薪資和工時談判的諒解後，於 5 月 12 日宣布停止總罷工，強令工人復工。總罷工被破壞後，礦工們在異常困難的條件下，堅持抗爭至 11 月 19 日才無條件放棄罷工。轟轟烈烈的罷工抗爭以失敗而告終。

1929 年 6 月，麥克唐納組織第二屆工黨政府不久，危機來臨。面對嚴峻的政治、經濟形勢，工黨政府陷入分裂。為

了應付空前嚴重的危機，工黨政府於 1931 年 8 月 24 日宣布成立包括保守黨和自由黨在內的三黨聯合政府，自稱「國民內閣」，麥克唐納仍任首相。

「國民內閣」成立之後，為克服經濟危機，執行了國家干預經濟的政策，其中主要是實行「節儉政策」，削減開支。如同聯合政府的保守黨成員鮑德溫在 1931 年 8 月 28 日的一次會議上所說，聯合政府的唯一目標是通過屬行節約和保持預算平衡所必需的法案。

因此，「國民內閣」制定、頒布了一系列指令、法案等，旨在克服經濟危機所帶來的危害。儘管其中一些措施加重了勞動人民的負擔，如「貧困調查法」和降低工人、國家僱員及水兵的薪金。

但從總體上看，「國民內閣」的經濟政策，在一定程度上鞏固了日益動搖的英帝國的基礎，保住了貿易市場，避免了財政崩潰，使經濟形勢逐漸好轉，進而達到了穩定政局、平定民心的目的。

「國民內閣」的成立是英國現代史上的重大事件，它所實行的政治經濟措施，對英國的民主政體作了一定的調整，進一步鞏固了資產階級議會民主制，基本抵擋了國際法西斯運動的衝擊，防止了法西斯在英國的進一步發展。

但是，「國民內閣」時期，也是英國和平主義運動開始

高漲的時期。和平主義思潮嚴重制約了「國民內閣」的對外政策和軍備政策。

1930 年代初，日本侵略中國東北的「九一八」事變，使已有 10 多年安寧的世界遭到巨大的衝擊。1933 年希特勒上臺，整個歐洲更加惶惶不安。這種形勢大大增強了英國公眾的恐戰情緒，推動了和平主義運動走向高潮。

1929 年至 1933 年世界經濟危機也使英國的經濟受到了打擊。

1930 年，世界性的經濟危機蔓延到英國。工黨政府拒絕全國失業工人提出的增加失業補助金、取消失業保險法中某些不合理規定的要求，於是，全國失業工人運動組織失業者於 3 月 20 日開始向倫敦「飢餓進軍」。參加者高呼「反對工黨的飢餓政策」、「爭取建立革命的工人政府」等口號，於 4 月 30 日到達倫敦。翌日，在海德公園舉行盛大的群眾大會，5 萬多名倫敦工人走上街頭，歡迎進軍隊伍。

隨著對政府新制訂的緊縮計劃對抗情緒的日益增長，1931 年 9 月 30 日，倫敦警方與示威者發生了一晝夜的衝突。有人認為起義者有共產黨員，不過大多數人是失業工人，他們堅決反對政府削減退休救濟金的新政。

第一次世界大戰削弱了英國國力，英國統治自治領力不從心。1920 年代初，一些自治領要求明確規定自治領地位，

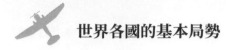

在 1926 年的帝國會議上,英國代表團團長貝爾福提出自治領「是英帝國內的自主實體,地位平等,在其對外事務的任何方面,一個絕不從屬另一個」。

1931 年 12 月 11 日通過《威斯敏斯特法》。

1932 年 10 月初,又爆發了向倫敦進發的全英「飢餓進軍」。2,500 名參加者分隊從四面八方集結起來向倫敦前進,於 10 月 29 日進入倫敦,幾萬倫敦工人聚集在海德公園歡迎他們。

1934 年 2 月 23 日,「飢餓進軍」隊伍浩浩蕩蕩進入倫敦。次日英國工黨、獨立工黨、共產黨和職工會的代表共 1,500人,舉行了團結和行動大會,接著又有 10 萬名倫敦工人,在海德公園舉行盛大集會。在工人階級不間斷抗爭的壓力下,政府被迫廢除削減失業補助金的決定和建立失業者勞動營的法令。

1936 年秋,當政府又企圖削減失業補助金的時候,失業者全國委員會又發動了 20 萬失業工人,再次策動向倫敦的「飢餓進軍」,迫使政府不得不做出讓步。

1920 年代,由於英國在經濟方面的一些原有的痼疾,使得它的經濟較之其他新興資本主義國家更容易遭受國際市場變化的衝擊。而這又極大地影響了英國的政治、外交和軍事政策,束縛了其軍事的發展。

美國的國內國際關係

1919 年 11 月 19 日，美國共和黨控制的參議院，在歷時兩個月的激辯之後，拒絕批准旨在結束戰爭和建立國際聯盟的《凡爾賽條約》。參議院的這一行動對威爾遜總統來說是個嚴重的打擊。因為威爾遜總統曾力勸巴黎和平會議接受建立國際聯盟的主張。

爭論的中心問題，是對該條約中有關建立國際聯盟的條款持有保留權問題。這些保留權是參議院對外關係委員會主任、麻薩諸塞州參議員亨利·卡伯特·洛奇提出來的。

這些保留權明確地表示，不經國會批准，美國根本沒有責任和義務按照該條款規定去保衛國際聯盟的各成員國。

1920 年 11 月 2 日，55 歲的華倫·哈定當選為美國第二十九任總統。

1921 年 3 月 4 日，哈定任總統後，解散了戰時設立的各種機構，宣布政府不干涉私營企業活動，不過問企業的兼併等，不再規定物價或制定政府條例干涉經濟，放任壟斷資本家擴大勢力，加強壟斷地位。

他還廢除了威爾遜政府戰時增收的所得稅、遺產稅和過分利稅，特別是降低了高收入者的稅率，使富有的資本家交納的稅款大為減少，而廣大人民的負擔相對增加。

在外交上，哈定政府發起召開了「華盛頓會議」，簽訂

了五國《海軍條約》和《九國公約》。哈定總統任內起用了很多大資本家，因而發生了不少利用職權營私舞弊和貪汙瀆職案件。

1921 年 4 月 12 日，哈定總統在國會的一次聯合會議上說，美國將不參加國際聯盟。這位新總統對國際聯盟的拒絕，贏得了主要來自他的共和黨夥伴的熱烈支持。

在拒絕國際聯盟的同時，這位總統保證，他的政府將與那些想組成一個他稱之為非政治的國家聯合體，以及想使慘遭戰爭踐踏的歐洲國家復興的外國政府合作。

1923 年 8 月 2 日，哈定總統去世。3 日凌晨，美國副總統柯立芝按照憲法宣誓就任總統。卡爾文·柯立芝任職期間的繁榮，大大促進了美國的工業化，使工業在國民經濟中比重越來越大。因此被稱為「柯立芝繁榮」。

1929 年 10 月 24 日，紐約證券市場發生第一次猛跌，拉開了全球性經濟危機的序幕。隨著紐約股票價格的一路狂跌，很快造成了美國大量工業企業和農場的破產，商業貿易呈現崩潰之勢。

當危機到來時，美國新任總統胡佛完全沒有思想準備。他否認危機的嚴重性，繼續奉行傳統的經濟學理論，確信自行調節市場和自由放任的政策足以使美國走出危機的泥潭。

然而，隨著時間的推移，胡佛盼望的經濟好轉不僅沒有到來，反而危機越來越嚴重，致使人民群眾的不滿情緒日益

蔓延。在這種情況下，胡佛政府雖然採取了局部的措施，但收效不大，形勢仍然不斷惡化。

經濟危機發展到一定程度往往會觸發政治危機。從 1931 年春起，美國的進步組織多次舉行了向各州首府施加壓力的「飢餓進軍」。

胡佛政府所面臨的一次最嚴重的政治危機，是 1932 年 5 月第一次世界大戰的失業退伍軍人向華盛頓的進軍。

至 6 月，已有兩萬多名退伍軍人湧進了華盛頓，他們要求國會立即償付退伍軍人福利金。

1932 年 7 月 28 日，胡佛總統下令陸軍參謀長麥克阿瑟及其助手艾森豪威爾指揮騎兵隊和坦克隊、機槍隊、步兵衝散了退伍軍人，並把他們趕出了華盛頓，但是，全國此起彼伏的反飢餓抗爭並未因此而平息，相反越演越烈。工農運動此起彼伏，給美國的政局帶來極大的衝擊。

法國的戰爭應急措施

法國雖然取得了第一次世界大戰的勝利，但其國民經濟基礎遭到嚴重破壞。特別是被占領區的工業基礎被摧毀殆盡，共計 1,340 億法郎的商品和財產在戰火中消失了。法國有近 150 萬人死於這場戰爭，平均每 10 個法國人中就有一人死在前線。

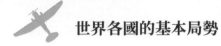

儘管法國在戰爭中損失慘重，最富有的北方和東北方遭到嚴重破壞，但是它的戰後恢復工作還是卓有成效的。法國依靠德國戰爭賠款和外國技術，投資 80 億美元修復了礦井，重建了工廠、公共建築物、商店和住宅，修通了鐵路、公路，疏濬了河道，填平了長達數千公里的戰壕，治癒了戰爭遺留下來的創傷，整個恢復工程結束於 1924 年。

然而，1929 年至 1933 年世界資本主義經濟危機，打斷了法國經濟的發展鏈條，使法國陷入了經濟危機的深淵。

在資本主義國家中，法國捲入世界經濟大危機的時間較晚。1931 年秋，巴黎證券交易所的股票暴跌，法國開始捲入經濟危機。

這一年工業生產下降，失業人數翻了一番，與最好的年分 1929 年相比，工業生產下降 23％，鋼鐵產量下降 37％，百人以上機構中的工薪人員減少 14％，食品批發價下降 12.7％，營業稅下降 28％，各種有價證券下降 60％。

在經濟危機的深刻影響下，各種法西斯組織利用人們對政府的不滿情緒，乘機擴大影響，以求發展。

法西斯組織的暴亂活動出現過多次，雖然沒有形成什麼「氣候」，但是震撼了法蘭西第三共和國，使它越來越經不起國內外風浪的衝擊，開始走向衰落。

在國內極右組織猖獗、政局極不穩定的情況下，法國之

所以沒有出現法西斯政權，除法國具有較強的議會民主制外，法國共產黨的壯大和在其努力下組成的反法西斯人民陣線是重要原因。

成立於 1920 年 12 月的法國共產黨，積極參加了反對法西斯的抗爭，並在 1934 年與社會黨簽訂《統一行動公約》，建立了反法西斯統一戰線，推動了法國反戰運動的發展。

1936 年 5 月，人民陣線在選舉中獲勝，6 月組成布魯姆政府。新政府依據人民陣線的反法西斯綱領，推行了一系列新的政策，成功地制止了法西斯運動在法國的蔓延。

在國家防禦措施上，第一次世界大戰結束不久，法國軍方就開始考慮下一次戰爭的應急措施，其焦點集中於邊境防禦上。

1920 年 1 月 23 日，法國陸軍最高軍事委員會在重新建立時就鄭重聲明：法軍必須研究「對國土或海岸線防禦體系的總體規劃」。這句話，實際上是日後法國最高統帥部提出和確定構築「綿亙防線」的基調。

經過將近 10 年的研究論證、勘測和設計，1930 年 1 月 14 日，經參眾兩院批准，法國政府正式頒布了在東北邊境建造防線的法令，並用 1929 年至 1931 年任陸軍部長的馬其諾的名字命名，稱「馬其諾防線」。

同年初，防線主體工程全面動工，負責施工的是貝拉居

將軍主持的築壘地區組織委員會。到 1935 年底，防線峻工，
前後耗時 6 年有餘。

馬其諾防線位於法國的東北部，自隆吉永至貝爾福，全
長約 390 公里，包括梅斯築壘地域、薩爾泛濫區、勞特爾築
壘地域、下萊茵築壘地域和貝爾福築壘地域。

其中，梅斯和勞特爾築壘地域的防禦工事最為堅固。這
兩個地方的重要地段都築有地上和地下工事，沿萊茵河一線
設有兩道防禦體系，以適應環形梯次防禦。

地上部分為裝甲或鋼筋混凝土的機槍和火炮工事；地下
部分築有數層地下室，包括指揮所、休息室、食品貯藏室、
彈藥庫、救護所、水電站、通風過濾室等。工事之間由地下
暗道相連接，便於人員或車輛機動。

整個防線由保障地帶（縱深 4～14 公里）和主要防禦地
帶（縱深 6～8 公里）組成。共構築永備工事約 5,800 個。
防線內設有反坦克壕、崖壁、斷崖及金屬和混凝土樁岩等反
坦克障礙物。

馬其諾防線造價 50 億法郎。它的的建成，使法國人相信
他們可以輕易阻擋德軍的進攻。法國軍事學院的一位著名教
授肖維諾將軍在 1938 年明確指出：

在法國，快速的入侵戰爭也稱運動戰，已成為歷
史。今天防禦力量已經成 10 倍的增強，準備打短期戰爭

的國家是去自殺。他們的缺陷是顯然的，正是連綿的防線折斷了戰鬥的翅膀，對連綿防線的擔憂已組成了和平的因素。

肖維諾根據自己的估計斷言，由於法國整個東北邊境線上有連綿的築壘正面和擁有一定數量機槍的及時展開的軍隊，將能「遏制德軍 3 年之久」。不僅如此，法國官方文件還極力宣稱：

為掩護國家領土免受外來入侵而建造的整個永備工事體系，使我們現在就能做到：在只需動用較少人員的可靠掩護下進行動員；更好地保障我國的大工業區和邊境重鎮；為我軍作戰保證有堅強設備的基地。

「馬其諾防線」成為後來法國第二次世界大戰實行消極防禦戰略的基礎，其後法軍制訂的一系列作戰計劃均以「馬其諾防線」為中心。其中，最為有名的是 1933 年至 1935 年付諸實施、後來在大戰中為法軍所採用的「D」字作戰計劃。

「D」字計劃是在甘末林將軍主持下制訂的，它的思想核心是陣地防禦。計劃擬制時，法國設想德軍將要像 1914 年那樣，經過比利時實施主要突擊。

因此，計劃規定，集中法國東北戰線左翼聯軍基本兵力，其中包括一些機械化部隊，在德軍入侵比利時時向比利時腹地做遠距離的機動，以便在阿爾貝特運河和戴爾河一線

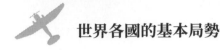

迎擊敵人。由於比利時和荷蘭保持中立，在德軍入侵前與英軍聯合作戰計劃，這就意味著直至德軍發動進攻時，英法聯軍才能進入比利時。

為配合這一作戰計劃的實施，法國還制訂了「布雷達計劃」。該計劃要求集中大部分機動部隊進入荷蘭南部布雷達地區，實施更遠距離的防禦。法國最高統帥部深信，這個計劃為法國的防禦體系增加了保險係數；同時，遠距離防禦可以遲滯和消耗敵軍的有生力量，從而有利於穩定馬其諾防線，並把戰場引向國外，既可保護比利時、荷蘭等盟國免遭侵犯，又可保護法國邊境工業區的安全。

然而，這個作戰計劃的缺陷是顯而易見的。由於實施遠距離防禦必須進行遠距離機動，而在機動過程中，很難設想英法聯軍肯定不會同德軍發生遭遇戰。

而且在「馬其諾防線」東端與英軍防線間的缺口處，防禦工事特別薄弱，一旦被突破，聯軍後路被切斷，其後果是不堪設想的。更為重要的是，它摒棄了機動防禦和主動出擊等積極作戰手段，把戰爭的主動權拱手給了對方。所以，這是一項招致兵敗國破的糟糕計劃。

在消極防禦戰略指導下，法國的軍隊建設包括編制、裝備和訓練等都顯現出被動的特點。

第二次世界大戰在西方戰場爆發前，法國在歐洲保持了

一支最強大的軍隊。根據 1938 年 7 月 11 日《戰時國家組織法》的規定，法國本土劃分為 3 個戰線：東北戰線、東南戰線和比利牛斯戰線。全國共有 20 個軍區。法國本土現役部隊有 20 個步兵師、5 個騎兵師和部分邊防部隊、2 個駐外殖民地師、4 個駐非北非師。1939 年 8 月，法軍總兵力達 101.5 萬人。

不過，由於在軍隊建設中強調數量，忽視品質，且受到整個消極防禦戰略的影響，法軍變得非常遲鈍。法國歷史學家杜瓦茲和韋斯說：「1939 年的法軍簡直是一支雜牌軍。」

在研製和裝備坦克問題上，法國的動作也非常遲緩。艾斯蒂安將軍早在 1920 年就提出過裝備坦克的主張。1927 年 7 月，社芒克將軍在高級軍事研究中心闡述了坦克的優勢所在，次年又提出了裝備 1 個現代化裝甲師的方案。1935 年 5 月，戴高樂在《議會和政治雜誌》上發表《建立職業軍》的文章，一年後成書出版。他認為，擁有最精銳的裝甲部隊的一方將在下一場戰爭中取得勝利，因此系統地提出了建立一支由 10 萬人組成的分編成 6 個機動裝甲師的精悍的職業軍的主張。

但戴高樂關於生產坦克和建立裝甲部隊的主張，受到種種非難和指責。魏剛、德伯內、莫蘭、貝當等軍方高級將領，相繼發表文章和演說，抨擊戴高樂的觀點。戴高樂孤掌難鳴，他的建立有限機械化、裝甲化部隊的機動作戰思想被扼殺了。

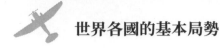

由於上述錯誤思想的指導，法軍在武器裝備現代化方面進展緩慢。雖然艾斯蒂安將軍早在 1921 年即設計出一種裝甲厚、火力強、馬力大、速度快的 B 型坦克，但直到 1935 年法國最高統帥部才下令生產，到 1939 年其月產量僅為 8 輛。到第二次世界大戰在西方爆發時，法軍共裝備 1,770 輛坦克，編為 50 個輕型坦克營和 12 個重型坦克營。

法軍一直認為，「坦克的唯一任務是為步兵服務」，因而把坦克分編在各個步兵師裡，」作為步兵前進的輔助力量來使用」。這樣，就大大降低了坦克的戰鬥作用的有效發揮。

法國對空軍建設的重視程度遠不如陸軍。因此，到大戰在西方戰場爆發時，其裝備和組織尚處於建設階段。當時，共裝備飛機 1,407 架，僅為德國的 1/5，但真正能使用的是德國的 2/5。而且這些飛機有不少是舊式飛機。顯然，這樣的空軍是無力攻擊德國的軍事設施的，即便在自己領空，它也抵禦不了強大德國空軍的襲擊。

法國擁有一支舉足輕重的海軍，在當時占世界第四位。它裝備有 1 艘航空母艦、7 艘戰列艦、19 艘巡洋艦、32 艘艦隊驅逐艦、38 艘驅逐艦、26 艘掃雷艦和 77 艘潛艇。然而，由於海軍的作戰計劃、訓練完全是防禦性的，海軍在未來的戰爭中幾乎沒有造成什麼作用。

法國的消極防禦戰略和經濟實力不足，嚴重影響了 30 年

代法軍的裝備更新，致使法軍的建設日益落後。雖然法國從
1936 年起加快了備戰步伐，但已無可挽回地拉大了與德軍的
差距，最終使自己陷入被動挨打的境地。

電子書購買

國家圖書館出版品預行編目資料

一戰後，帝國主義的瓦解：分贓醜劇、戰爭賠款、軍備競賽、列強紛爭、革命浪潮，第二次世界大戰的醞釀背景 / 潘于真，胡元斌主編. -- 第一版 . -- 臺北市：崧燁文化事業有限公司，2023.01
面；　公分
POD 版
ISBN 978-626-332-983-6(平裝)
1.CST: 第二次世界大戰 2.CST: 戰史
712.84　　11101

一戰後，帝國主義的瓦解：分贓醜劇、戰爭賠款、軍備競賽、列強紛爭、革命浪潮，第二次世界大戰的醞釀背景

臉書

主　　　編：潘于真，胡元斌
發 行 人：黃振庭
出 版 者：崧燁文化事業有限公司
發 行 者：崧燁文化事業有限公司
E - m a i l：sonbookservice@gmail.com
粉 絲 頁：https://www.facebook.com/sonbookss/
網　　　址：https://sonbook.net/
地　　　址：台北市中正區重慶南路一段六十一號八樓 815 室
Rm. 815, 8F., No.61, Sec. 1, Chongqing S. Rd., Zhongzheng Dist., Taipei City 100, Taiwan
電　　　話：(02) 2370-3310　　傳　　　真：(02) 2388-1990
印　　　刷：京峯彩色印刷有限公司（京峰數位）
律師顧問：廣華律師事務所 張珮琦律師

定　　　價：350 元
發行日期： 2023 年 01 月第一版
◎本書以 POD 印製